AF452778

COMPLÉMENT

DU TRAITÉ DE LA LÉGISLATION DES PORTIONS COMMUNALES.

PORTIONS COMMUNALES OU MÉNAGÈRES.

EXAMEN

et

SOLUTION

de

QUATRE DES PRINCIPALES QUESTIONS SOULEVÉES PAR LES LÉGISLATIONS

DES PORTIONS COMMUNALES.

1° CES LÉGISLATIONS PEUVENT-ELLES ÊTRE MODIFIÉES PAR L'AUTORITÉ ADMINISTRATIVE ?
2° CES LÉGISLATIONS CONFÈRENT-ELLES DES DROITS
DÉFINITIFS ET IRRÉVOCABLES, OU DES DROITS TEMPORAIRES ET PRÉCAIRES ?
3° QUELLE EST LA JURIDICTION COMPÉTENTE
POUR LES DIFFICULTÉS TOUCHANT L'APTITUDE PERSONNELLE AUX ALLOTISSEMENTS ?
4° QUELS SONT LES DROITS DES VEUVES EN ARTOIS ?

par

C. LE GENTIL,

Avocat et Juge suppléant au Tribunal civil d'Arras,

MEMBRE CORRESPONDANT DE L'ACADÉMIE DE LÉGISLATION
DE TOULOUSE.

PARIS,
AUGUSTE DURAND, LIBRAIRE,
rue des Grès, 5.

MDCCCLVII.

L'intérêt que nous attachons à tout ce qui concerne les législations des portions communales, législations que nous croyons avoir particulièrement approfondies, et ce, alors que ces sortes de matières toujours très-peu connues, l'étaient beaucoup moins encore, nous impose l'obligation de revenir sur certaines questions que nous avons déjà spécialement examinées, et dans notre *Traité théorique, historique et pratique* et dans nos *Dissertations juridiques* en l'étude concernant le *décret de décentralisation.*

Quatre points avaient surtout stimulé nos efforts, sur trois de ces points nous avons été assez heureux pour voir nos opinions se consacrer par des autorités tellement imposantes, que la discussion se trouve close désormais.

Pour ce qui est du quatrième, il ne nous a pas été concédé encore, mais nous ne craignons nullement de le dire, nous avons tellement avec nous le bon sens et la raison, le droit et l'équité, qu'il ne peut s'agir que d'une question de temps pour ramener aux véritables principes une jurisprudence, que l'aberration la plus inexplicable a pu seule faire sortir de la voie suivie universellement, parce que c'est l'unique qui puisse aboutir.

Ceci est tranchant sans doute, mais aux grands maux les héroïques remèdes. En législation comme en religion, comme en politique, comme en toutes choses, mieux vaut formuler nettement son *Credo* que de recourir à des ménagements équivalents au mutisme. Malgré d'obstinés inquisiteurs, partisans aveugles de l'immobilité, quoique seul de son opinion, l'immortel Galilée répondait avec la conviction que donne une tangible évidence, *et pourtant elle se meut; e pur si muove.*

Fort du droit commun, de l'opinion unanime de tous les vieux jurisconsultes dont nous avons adopté les errements, de l'assentiment de tous les jurisconsultes nouveaux (1) qui après examen tant soit peu sérieux, n'ont pas hésité à se ranger sous notre bannière, on nous permettra donc aussi de répéter que notre thèse est la seule soutenable, et de nous écrier à notre tour *e pur si muove.*

Deux des quatre points dont nous venons de parler mettaient en jeu la vitalité même des législations sur les portions communales.

Il s'agissait en effet de savoir : 1° Si ces législations

(1) A part l'opinion (modifiée peut-être) de notre estimable confrère Mr Legrand, lequel n'a traité que *transeundo* une question assez indifférente au département du Nord, objet principal de son excellent ouvrage sur la Législation des portions communales dans le Nord de la France.

pouvaient être en tout ou en partie modifiées par l'autorité administrative, notamment en vertu du décret de décentralisation. 2° Si ces législations conféraient aux allotis des droits définitifs et irrévocables à l'abri de toute espèce d'atteinte, ou seulement des avantages temporaires, que le moindre caprice était habile à supprimer.

Les deux autres points touchaient aux questions les plus capitales de ces législations : 1° L'une de ces questions d'un *intérêt général*, était celle de savoir à quelle juridiction devaient être soumises les difficultés naissant de *l'aptitude personnelle* à l'allotissement. 2° D'un intérêt local, l'autre question était celle de savoir si comme dans toutes les autres provinces, la veuve artésienne devait continuer la jouissance de la portion ménagère.

Avant d'arriver aux observations que nous suggèrent ces différents points, rappelons en deux mots ce que sont les législations des apportionnements.

Imbus encore des idées romaines, sous l'empire desquelles les biens communaux, *res universitatis*, se trouvaient difficilement aliénables, (Cod. Lib. XI, Tit. XXI, Lex III *De vendendis rebus civitatis*) et impartageables, (Digest. Lib. L., Tit. IX *de decretis ab ordine faciendis*) considérant les propriétés communales comme un *dépôt sacré* confié aux mains des habitants vivants, que ceux-ci devaient religieusement *conserver* et *rendre* aux habitants futurs, en raison de ce que « les usages et communaux appartenaient au public... et que les communes avaient été concédées par forme d'usage seulement pour demeurer attachées aux habitants des lieux ». (Déclaration de Louis XIV en l'ordonnance de 1667), de ce que « ce n'est pas à tels ou tels individus que le bien communal appartient, mais à la communauté corps immortel composé de ceux qui n'existent pas comme des habitants actuels. (Henrion de Pansey, Dissertations féodales) les vieux législateurs français avaient décrété *en principe* l'inaliénabilité, l'impartageabilité de ces mêmes propriétés.

Bien que soigneusement protégés par les rois contre l'incurie et l'incapacité des administrateurs, contre les envahissements seigneuriaux, (édits des 27 avril 1567 (Charles IX) — 1588 (Henri III) — mars 1600 (Henri IV) — 1629 (Louis XIII) — 22 juin 1659 (Louis XIV) — avril 1667 (Louis XIV) — avril 1683 (Louis XIV) — etc....) les biens communaux à peu près hors du commerce dans le but d'éviter l'appauvrissement communal, avaient le défaut de cette qualité, surtout en certaines provinces humides, en partie submergées et réduites ainsi à l'état de marais.

On se fera une idée de ce que devait être la Flandre par exemple, le *bas pays* ainsi qu'on l'appelle encore aujourd'hui, en sachant qu'après bien des dessèchements, bien des défrichements, Bultel écrivait encore dans sa Notice sur l'Artois en 1748 : « Ce qu'on appelle communaux, suivant la dénomination qui leur est donnée dans les règlements de Sa Majesté, est ordinairement appelé en Artois *marais* et *communes;* ce sont des terrains incultes à l'usage des habitants des lieux, pour le paturage de leurs chevaux et de leurs bêtes à cornes.

Il y a quelques endroits où il peuvent y faire paître des moutons et des porcs à certaines conditions, mais dans tous les autres lieux, ces sortes de bestiaux sont exclus de ce paturage.

Ces *marais* et *communes* vont environ à la *dixième partie des fonds de l'Artois* et le profit qu'on en retire est communément plus onéreux aux communes qu'avantageux, parce que cette espèce de fonds attire dans les lieux où il y en a, un grand nombre de pauvres et de gens, la plupart du temps désœuvrés, qui se livreraient à un travail profitable à la société, s'ils étaient dépourvus de ce secours; aussi voit-on les communautés où il n'y a pas de communes, ordinairement plus riches, que les habitants y sont plus occupés et qu'elles sont moins chargées de pauvres; c'est pourquoi il serait à souhaiter que l'on destinât ces marais à un meilleur usage qu'au paturage commun ».

Nous faisons certes toutes réserves contre ce qu'écrivait Bultel, au moment où s'agitaient à l'occasion du droit de *Triage* les questions les plus brûlantes entre les Communes et la Noblesse. Chaud partisan des seigneurs, Bultel dénigrait les communaux, et l'usage promiscue, *dans le but d'arriver à une division qui sans doute eût enrichi les communautés en les privant, au bénéfice de leurs seigneurs, de la Tierce partie des biens communs.* (Voir notre *Traité sur la Législation des portions communales,* partie IIe, pages 190 à 242). Mais nous croyons devoir citer ce passage de la notice afin de démontrer quel était plus anciennement l'état improductif et déplorable des terres de communautés.

Éclairé par Sully, Henri IV fut sinon l'un des premiers à constater le mal, du moins l'un des plus soigneux à en chercher efficacement le remède, et à la date de 1559, ce roi prit un édit en lequel, dans un but utilitaire, hygiénique et agricole fut statué le desséchement de tous les marais; à cet édit succédèrent d'autres édits généraux, puis un édit du 30 mai 1767 spécial à la province d'Artois.

Quoique des avantages assez considérables fussent faits à ceux qui mettaient à exécution ces dispositions légales, les défrichements ne s'opéraient que mollement; on chercha donc pour arriver au but, une combinaison qui, sans altérer les caractères des biens communaux, grevés de susbtitutions perpétuelles, ainsi qu'il a été expliqué plus haut, engageât par l'intérêt personnel, et nonobstant *les triages*, chaque habitant de certaines communautés, à réaliser l'amélioration agronomique et sociale au moyen du desséchément, du défrichement et de la fertilisation des propriétés communes, quelle que fût leur nature, de landes, patis, bruyères, marais, etc.

Cette combinaison on la trouva dans *l'autorisation du partage de la jouissance de ces biens,* la propriété demeurant toujours à la communauté. Et ces partages de jouissance furent autorisés en Lorraine par l'édit donné à Marly en juin 1767; — en Bourgogne par l'édit de janvier 1774 ; — en Flandre par les lettres-patentes octroyées à Versailles le 27 mars 1777 ; — en Artois par l'arrêt du conseil pris encore à Versailles le 25 février 1779. A la suite de cet arrêt arrivèrent bien des lettres-patentes en date du 13 novembre 1779, mais mortes-nées, jamais elles ne furent exécutées.

Pour éviter un morcellement qui eût ramené à la promiscuité, pour affermir l'autorité paternelle, développer l'esprit de famille et arriver par le mariage à l'accroissement de la population; il résulta notamment de ces diverses législations :

1° Que les partages devaient s'effectuer non par tête mais par feux, de manière à ce que la portion destinée principalement aux ménages, échut au chef de famille.

2° Que la portion ménagère ne devait être dévolue à de nouveaux allotis, qu'au décès du survivant des époux, veuf ou veuve.

3° Que la portion devait être indivisible, inaliénable, insaisissable et rester constamment entière aux mains des apportionnés.

4° Qu'en Lorraine, qu'en Bourgogne, qu'en Artois, à la mort de l'époux survivant, la portion devait se transmettre *Jure hæreditario* à l'un des enfants du ménage alloti.

De façon que ne se trouvant nulle part, soit un droit d'usage, soit un droit d'usufruit, soit un droit de propriété, le droit des apportionnés partout *Jus in re immobili*, mais partout aussi *Jus sui generis*, constituait surtout pour la Lorraine, la Bourgogne et l'Artois un droit moindre que la propriété et plus considérable que le droit d'usufruit. (Voir notre *Traité* pages 373 à 386).

L'indépendance pécuniaire et territoriale que donnaient aux communes les propriétés communales, le caractère prétendument *aristocratique* des partages de jouissance, poussèrent les meneurs de la révolution, grands démolisseurs du passé, même dans ses meilleures et plus saines institutions, à détruire et ces partages, et ces propriétés, sous prétexte qu'il importait de centraliser l'action gouvernementale, d'absorber de petites républiques, parfois dissidentes, au sein de la république-mère, et sous plusieurs autres de ces mille prétextes que l'on ne manque jamais de trouver, lorsqu'il s'agit de colorer une mesure que ne justifie aucun véritable, ou du moins aucun avouable motif.

A ces causes, le 14 août 1792, un décret *agraire* et *démocratique* vint *impérativement* ordonner le partage par *tête* de la *propriété* des biens communaux, autres que les bois et forêts.

Cette funeste et déplorable mesure, ne répondit pas à l'attente de ses promoteurs. Ils s'étaient imaginé qu'aveuglés par un avide intérêt, les habitants de chaque communauté se seraient abattus sur les biens communaux comme sur une curée. Mais heureusement la raison des gouvernés fit justice de la déraison des gouvernants, et le décret de 1792 fut si peu exécuté et si hautement improuvé que le 10 juin 1793.

toute terrible qu'elle était, la Convention, reculant devant le bon sens national, ne décréta plus cette fois qu'un partage *facultatif* des biens communaux, excepté les choses hors de commerce; les bois, forêts, mines, minières, etc., etc....

Les *funestes effets* de cette législation, taxée d'injustice, d'immoralité et dénoncée courageusement par Baraillon le 20 Thermidor an III comme destructive de l'agriculture et de l'intérêt public, furent paralysés par une loi aux termes de laquelle, le 21 Prairial an IV, le Conseil prononça « un sursis provisoire à toutes actions et poursuites résultant de la loi du 19 juin 1793, sur le partage des biens communaux. »

Grâce à Garan-Coulon et à Bergier le sursis qu'édictait la loi du 21 Prairial fut transformé en prohibition, nonobstant le vote démagogique, heureusement inopérant, par lequel sur le rapport du fanatique Delpierre, on voulut revenir au système de 1793, à la spoliation des communautés.

Au milieu de ces tourmentes, quoique fissent les prohibitions et abrogations légales, les provinces de Lorraine, de Bourgogne, de Flandre et d'Artois, continuèrent à régir les propriétés communales par les partages de jouissance, qui étaient définitivement passés dans leurs mœurs, antipathiques aux calculs révolutionnaires.

Et ces partages furent si bien exécutés au vu et su du gouvernement, que le 9 Fructidor an X, ils reçurent la plus éclatante des consécrations, par l'arrêté dans lequel, vu les avis favorables du maire d'Annay, du sous-préfet, du préfet, du Conseil d'État, les Consuls décidèrent : que l'arrêt du Conseil du 25 février 1799 serait exécuté selon sa forme et teneur, et qu'en conséquence était confirmé un arrêté du 22 Germinal pris en exécution de l'arrêt.

Sur ces entrefaites, les regrets et les inquiétudes se faisant déjà sentir chez les assez rares communautés qui avaient partagé leurs biens suivant le prescrit des lois révolutionnaires; le 9 Ventôse an XII une loi porta :

» ART. 1er. Les partages des biens communaux effectués en vertu de la loi du 10 juin 1793 et dont il a été dressé acte seront exécutés.

ART. 2. En conséquence les co-partageants ou leurs ayant-cause sont définitivement maintenus dans la propriété et jouissance de la portion desdits biens qui leur est échue, et pourront la vendre, aliéner et en disposer comme ils jugeront convenable ».

Le 9 Brumaire an XIII sortit une loi relative aux *jouissances indivises* des biens communaux, et faisant deux catégories bien distinctes des modes de jouissance indivise antérieurs à 1793, et des modes de jouissance indivise postérieurs à cette époque. Il fut par cette loi disposé, qu'au premier cas ces modes auraient pu être modifiés par un décret, c'est-à-dire par le gouvernement. — Qu'au second cas ces modes auraient été susceptibles de modifications par simple voie administrative.

C'est *surtout* pour n'avoir pas compris le but et la portée de cette loi, pour avoir confondu dans son prescrit les jouissances divises et les jouissances indivises, que l'administration s'est livrée, involontairement sans doute, à tant d'illégalités, à tant d'abus de pouvoir, en dénaturant les législations des portions communales, législations auxquelles elle n'avait et n'a à aucun titre le droit de toucher.

Le 4ᵉ complémentaire an XIII, fut promulguée une nouvelle loi portant :

« ART. 1ᵉʳ. Les dispositions de la loi de Ventôse an XIII s'appliquent à tous les partages de biens communaux effectués avant la loi du 10 juin 1793, *en vertu d'Arrêts du Conseil, d'Ordonnances des États et autres, émanés des autorités compétentes.* »

Cette loi on le voit, déclarait *aussi incommutables, aussi définitifs, aussi irrévocables, quant à la jouissance, les partages de jouissance,* qu'avaient été déclarés incommutables, définitifs, irrévocables, quant à la propriété, les partages de propriété des terres communales; et cette déclaration n'innovait en rien du reste à ce qui avait été primitivement entendu, à ce qu'avaient fait les Rois. L'intention mère des partages de jouissances s'était clairement révélée touchant le caractère définitif et irrévocable de l'apportionnement au profit des allotis — En trois provinces, en effet, l'allotissement se trouvait *héréditaire* — en Flandre ou le lot n'était que viager, les lettres-patentes de 1777 pour en parfaitement définir la nature, déclarèrent que le partage s'effectuait « *afin que chaque habitant put défricher et faire valoir comme sa propre chose, la portion qui lui serait échue par le partage.* » Et au préambule de l'édit de 1774 on lit : « à ces causes et autres considérations à ce nous mouvant, de l'avis de notre Conseil, et de notre certaine science, pleine puissance, et autorité royale, *nous avons, par le présent édit perpétuel et irrévocable,* dit, déclaré, statué, ordonné, disons, déclarons, statuons et ordonnons, voulons et nous plaît ce qui suit : etc.... »

Inutile de parler de la loi des 18 et 22 juillet 1837. L'article 17, n'ayant évidemment trait : 1° Qu'aux jouissances promiscues ; 2° Qu'aux jouissances promiscues postérieures à 1793 ; 3° Qu'à la répartition des fruits communaux.

Tels sont les textes applicables aux législations des portions communales, arrivons maintenant aux textes concernant les questions de compétence que ces législations sont de nature à soulever; questions nées de ce fatal principe suivant nous, que pour assurer l'indépendance de deux pouvoirs rivaux, *voisins mal bornés* quoiqu'on ait fait, a écrit très-spirituellement et très-justement M. Dupin, il est besoin de deux justices, l'une administrative, l'autre judiciaire : comme s'il y avait deux vérités, comme si toute justice émanant du chef de l'état, et étant rendue en son nom, il ne suffisait pas du corps judiciaire, corps éclairé, corps désintéressé, corps toujours *juge* et jamais *partie,* afin de dire droit sur tous les différends quelle que fut leur nature, quelles que fussent leurs conséquences, ainsi que sans *conflits,* et sans *tiraillements* continuels, cela se passe si rationnellement et si facilement en

Belgique aux termes combinés des articles 30, 31, 93, 94, 106 de la Constitution et des articles 16 et 20 de la loi du 4 août 1832 (1).

(1) L'un de nos savants confrères, bâtonnier de l'ordre des avocats de Bruxelles, M. Allard, a eu l'excessive obligeance de nous fournir sur le mécanisme des pouvoirs judiciaire et administratif en Belgique, les renseignements que voici :

« Les principes qui établissent l'indépendance respective des pouvoirs judiciaire et administratif sont écrits dans les articles 30, 31, 92, 93, 94 et 106 de la Constitution.

Il suffira de transcrire ici le texte de ces dispositions pour convaincre qu'elles présentent à tous égards les garanties les plus complètes.

L'article 30 dispose que « le pouvoir judiciaire est exercé par les » cours et tribunaux. » Et l'article 94 complète cette disposition en disant que : « nul tribunal, nulle juridiction contentieuse, ne peut » être établi qu'en vertu d'une loi et qu'il ne peut être créé de » commission ni de tribunaux extraordinaires sous quelque déno- » mination que ce soit. »

Après avoir donné ainsi pour seuls juges aux Belges, des magistrats dont l'inamovibilité leur garantit la complète impartialité, la Commission détermine dans son article 92 la mission du pouvoir judiciaire en disant que : « les contestations qui ont pour objet des » droits civils, sont exclusivement du ressort des tribunaux. »

Le pouvoir administratif devient donc complètement impuissant du moment où un *droit civil* se trouve en litige.

L'article 93 confirme du reste la généralité de ce principe constitutionnel, en ajoutant que « les contestations qui ont pour objet des » droits politiques, sont du ressort des tribunaux, sauf les *excep-* » *tions établies* par la loi. » Ainsi, même en matière de droit politique, la compétence des cours et tribunaux est la règle, cette règle n'admet d'exception que là où il existe une loi spéciale.

L'article 31 complète ce système de garantie en restreignant la mission du pouvoir administratif à tout ce qui présente un caractère d'intérêt général. « Les intérêts exclusivement communaux et pro- » vinciaux sont réglés par les conseils communaux et provinciaux » d'après les principes établis par la Constitution. »

On saisit parfaitement le jeu de ces institutions qui assurent respectivement au pouvoir administratif et au pouvoir judiciaire leur complète indépendance, en ce sens que s'il arrive qu'une mesure prise en vue d'un intérêt public (communal, provincial ou national), porte atteinte aux droits acquis à un citoyen, les tribunaux quoique

La loi du 10 juin 1793 porta en la section cinquième :

« ART. 1er. Les contestations qui pourront s'élever obligés à respecter la mesure décrétée par le pouvoir administratif dans les limites de ses attributions, seront seuls compétents pour faire droit sur les demandes d'indemnités auxquelles l'application de cette mesure pourra donner lieu.

Du reste et tout en s'étudiant à rendre les conflits d'attributions aussi rares que possible, la Constitution a compris qu'elle devait cependant en prévoir l'éventualité, et dans son article 106, elle a confié à la Cour de cassation la mesure suprême « de prononcer » sur ces conflits d'après le mode réglé par la loi », renvoyant ainsi à une loi spéciale qui fut décrétée le 4 août 1832 et qui dans ses articles 16 et 20 exige que tous les conflits soient vidés par les chambres réunies. »

Il résulte fort catégoriquement, on le voit, des textes précités, qu'en Belgique et avec infiniment de raison, il y a : 1° prééminence du pouvoir judiciaire personnalisé en la Cour de cassation, tribunal régulateur et suprême sur le pouvoir administratif; 2° à part cette prééminence et sans possibilité de nombreux conflits, indépendance complète de ces deux pouvoirs ; 3° presque pas de contentieux administratif.

Ces différences entre l'organisation française subordonnant la justice à l'administration, et l'organisation belge subordonnant l'administration à la justice, établissent l'incontestable supériorité du système belge. Non-seulement en effet quand elle lutte contre les particuliers dont les intérêts privés sont engagés, l'administration doit être justiciable du droit commun, mais le pouvoir administratif est bien loin à tous égards d'inspirer les mêmes garanties que le pouvoir judiciaire. L'un des hommes les plus compétents en matière administrative, M. de Vatimesnil, vient d'écrire en rendant compte de l'ouvrage excellent du reste de M. Dufour, grand partisan de notre système administratif.

« Dans tous les pays civilisés, le personnel de l'organisation administrative se compose de deux éléments distincts : les agents du gouvernement et les délégués ou représentants des intérêts locaux et privés.

En France, le premier de ces éléments est tout à fait prédominant.

Dans d'autres pays, il est très-loin d'avoir la prééminence, et ce qu'il a de moins, l'autre élément l'a de plus. »

Le système français a-t-il un droit aussi incontestable à la préférence que le croit M. Dufour? La question est grave ; mais pour la à raison du *mode de partage* entre les communes, seront terminées sur simple mémoire, par le Directoire du département, d'après l'avis de celui du district.

traiter complètement, il faudrait entrer dans des développements plus longs que ne le permettent les bornes de cet article.

Nous dirons seulement que, si l'on ne considère que la régularité extérieure, la discipline administrative, et, comme le dit M. Dufour, l'*énergie*, la *rapidité* et la *précision*, la palme appartient à la France, sans préjudice d'observations de détail qu'on verra plus loin.

Mais lorsqu'on pénètre plus profondément dans le cœur du sujet, et qu'on se demande où il y a le plus de sentiment du devoir, le plus de respect du droit, le plus de dévouement, le plus de connaissance des affaires publiques, en un mot, le plus de spiritualisme et de vie morale, on peut voir la balance incliner dans l'autre sens.

Nous ne concluons pas parce que l'espace nous manque, mais nous faisons nos réserves.

En descendant de cette sphère élevée où nous ne pouvons nous arrêter, fixons exclusivement nos idées sur le système français ; alors une autre question va se présenter : ce système tient-il du moins tout ce qu'il promet? son programme c'est l'uniformité, la simplicité, la marche commode des affaires, la capacité des fonctionnaires auxquels tant d'intérêts et tant de détails sont confiés.

Ce programme est-il rempli d'une manière complète? L'État et les particuliers trouvent-ils dans l'organisation administrative des garanties suffisantes?

Ces garanties doivent porter, si nous ne nous trompons, sur les points suivants : l'aptitude légale des fonctionnaires, les voies de réclamations contre les erreurs qui peuvent leur échapper, la netteté et la symétrie des règles de la compétence, enfin les formes protectrices en matière d'instruction et de décision.

Qu'on nous permette quelques mots sur chacun de ces objets : parlons d'abord de l'aptitude légale des fonctionnaires.

En France, on ne peut être ni magistrat de l'ordre judiciaire, ni officier des armées de terre ou de mer, ni instituteur, ni avocat, ni avoué, ni notaire, ni ingénieur, ni médecin, sans offrir des garanties légales d'aptitude, soit par des études et des examens, soit par un temps d'exercice et d'épreuve qualifié service ou stage.

Comment se fait-il que cette règle reçoive une exception complète et absolue relativement aux fonctions administratives, et qu'on

Art. 2. Le Directoire du département, sur l'avis de celui du district, prononcera pareillement sur un simple mémoire, sur toutes les réclamations qui

puisse de prime-abord, sans aucun grade, sans aucun travail préalable, devenir non-seulement conseiller de préfecture ou sous-préfet, mais même préfet, maître des comptes, conseiller d'État?

Il n'y a de notre part l'intention d'aucune critique directe ni indirecte du personnel administratif, de quelque époque et de quelque régime que ce soit; mais enfin on ne sait que ce qu'on a appris, l'administration est une science difficile et compliquée, elle l'est même plus qu'elle ne devrait l'être, comme nous le dirons dans un moment, et comme il est impossible de ne pas en être convaincu lorsqu'on a lu l'excellent ouvrage de M. Dufour. Que sera donc un préfet, par exemple, s'il est placé à la tête d'un département, sans connaître à fond cette science? Il sera l'éditeur des œuvres de ses bureaux, c'est-à-dire de cette puissance anonyme et irresponsable, qui est un juste sujet d'effroi pour le public. Le décret du 25 mars sur la décentralisation, que M. Dufour a parfaitement commenté, est une innovation heureuse, mais à condition que les préfets seront des administrateurs consommés : autrement, les avantages de cette mesure disparaîtraient pour faire place à des inconvénients graves.

Arrivons aux voies de réclamation contre les actes administratifs.

C'est une opinion assez généralement admise dans le monde, que quiconque prétend avoir été lésé dans *ses droits* ou *sa propriété* par un acte de gouvernement ou d'administration, peut demander la réformation de cet acte ou une indemnité par la voie contentieuse, c'est-à-dire devant le Conseil d'État, avec les garanties de discussion et de publicité propres aux affaires contentieuses. Il devrait effectivement en être ainsi. La partie qui se pourvoit au contentieux tient un langage qui n'a rien de menaçant pour le pouvoir ; elle dit : J'en appelle de l'autorité mal informée à l'autorité mieux informée. Eh bien! il y a pourtant une multitude de cas dans lesquels le recours au contentieux n'est pas ouvert à une partie lésée dans *ses droits* ou *sa propriété*. Il suffit, pour s'en convaincre, de lire l'art. 40 du décret du 22 juillet 1806, et on le sait bien mieux encore lorsqu'on a lu attentivement M. Dufour. Le citoyen qui se plaint n'a donc alors d'autre ressource qu'une supplique ou une pétition, à laquelle les dépositaires du pouvoir sont libres de ne pas répondre.

Les règles de la compétence sont-elles plus satisfaisantes? Examinons.

pourront s'élever à raison du *mode de partage* des biens communaux.

Art. 3. Tous les procès actuellement pendants ou

La compétence administrative se divise entre les préfets, les conseils de préfecture, les ministres, la cour des comptes et le conseil d'État.

Il y a une première observation à faire : dans le cas où aucune disposition législative ni règlementaire n'a déclaré quel serait, au premier degré de juridiction, le juge compétent, à qui la connaissance de la cause doit-elle appartenir? Tout homme qui n'est pas initié dans les difficultés épineuses de la matière répondra : C'est le conseil de préfecture qui, dans le silence de la loi, est appelé à statuer ; ce conseil, en matière administrative contentieuse, est le juge du droit commun. Voilà en effet ce qui nous paraît jaillir de la droite raison. Il n'en est cependant pas ainsi. C'est le ministre qui est considéré comme le juge naturel et qui prononce sur l'affaire, sauf recours au conseil d'État. M. Dufour l'établit d'une manière incontestable, d'après l'autorité des précédents. Comment, en bonne théorie, peut-on justifier une pareille règle? Est-ce qu'un conseil n'est pas toujours plus apte à juger qu'une personne? Est-ce qu'on ne doit pas préférer l'autorité qui est la plus rapprochée des parties? Et enfin, est-ce que l'intérêt bien entendu des ministres eux-mêmes n'est pas de se dégager de minces détails qui absorbent leur temps sans utilité pour la chose publique?

Il faut maintenant parler des recours contre les décisions des préfets en matière contentieuse.

Les règles ordinaires sont celles-ci : 1° Il n'y a pas de recours devant le conseil de préfecture contre les décisions du préfet, cependant il existe plusieurs exceptions, notamment en matière d'ateliers insalubres. Il y a plus : le sous-préfet statue sur les demandes en autorisation des ateliers de troisième classe, et au lieu de recourir du sous-préfet au préfet, on recourt du sous-préfet au conseil de préfecture.

2° Les décisions des préfets ne doivent pas être déférées directement au conseil d'État, à moins qu'elles ne soient attaquées pour cause d'incompétence ou d'excès de pouvoir. Dans tout autre cas, le recours est porté devant le ministre, et c'est la décision du ministre qui est susceptible d'appel devant le conseil d'État. Fort bien; mais il y a des cas exceptionnels dans lesquels la décision préfectorale peut être déférée directement, ou, comme on dit, *omisso medio*, devant le conseil d'État, quoiqu'on ne reproche à cette décision ni incompétence ni excès de pouvoir.

qui pourront s'élever entre les communes et les
propriétaires à raison des biens communaux ou
patrimoniaux, soit pour droits, usages, prétentions,

Voilà bien des anomalies dans un système administratif dont l'un
des premiers mérites devrait, nous le répétons, être l'exactitude
rectiligne, puisque telle est sa prétention. Ces anomalies sont-elles
justifiées par quelque raison particulière? Non : M. Dufour n'en
indique aucune, et il est impossible d'en apercevoir.

Les difficultés augmentent lorsqu'il s'agit de fixer la ligne de dé-
marcation entre le pouvoir judiciaire et les diverses autorités administratives. Aussi n'y a-t-il rien au monde de plus embarrassant
pour les magistrats et les jurisconsultes que les contestations mixtes
qui se compliquent de questions judiciaires et de questions administratives. De longues années s'écoulent souvent avant qu'on arrive
à une solution définitive. L'ouvrage de M. Dufour abonde en
exemples de cette vérité.

L'administration se tire souvent d'embarras par la mesure du
conflit ; mais le conflit lui-même est-il d'accord avec le principe de
l'indépendance respective du pouvoir administratif et du pouvoir
judiciaire? C'est l'administration qui, par le conflit, revendique une
affaire comme étant de son ressort, et c'est l'administration elle-
même qui statue sur le conflit. Ne peut-on pas dire qu'elle est à la
fois juge et partie?

En 1848, au milieu de beaucoup d'institutions irréfléchies, on
en avait fondé une qui semblait excellente : c'était le tribunal des
conflits, composé de membres de la cour de cassation et de con-
seillers d'État en nombre égal et présidée par le ministre de la justice. Dans cette juridiction mi-partie, les deux pouvoirs étaient
représentés, et ses décisions ont été des modèles de sagesse.
M. Dufour lui paie un tribut de regret auquel nous nous associons.

Avant l'ordonnance du 1er juin 1828, les conflits avaient été
l'objet de plaintes nombreuses que cette ordonnance, œuvre de la
Restauration, a fait cesser en grande partie. Toutefois, on aperçoit
que l'administration s'est trouvée un peu à l'étroit dans les limites
tracées par l'ordonnance de 1828 et qu'elle s'est efforcée de les
reculer. Ainsi, par exemple, l'ordonnance (art. 4) interdit le
conflit après un *jugement en dernier ressort* ou un *arrêt définitif*. Or, il arrive chaque jour que le Conseil d'État confirme des
conflits élevés dans des affaires où une cour, par arrêt souverain,
a décidé que l'une des parties avait droit à une indemnité, et a
ordonné une expertise ou tout autre mode d'instruction, pour en

demandes en rétablissements dans les propriétés dont elles ont été dépouillées par l'effet de la puissance féodale ou autres réclamations généralement quelconques, seront vidées par la voie de l'arbitrage.

déterminer le chiffre. De ce que l'indemnité n'est pas encore liquidée, le Conseil d'État conclut que l'arrêt qui a jugé en principe qu'elle est due n'est pas *définitif*; doctrine que pour notre part nous ne saurions admettre.

Il nous reste à parler des formes.

Selon M. Dufour, elles laissent beaucoup à désirer, et nous partageons complètement son opinion.

Les décisions ministérielles en matière contentieuse ne sont précédées d'aucune instruction spéciale; l'affaire se traite comme une affaire purement administrative; la décision est rarement motivée; et souvent sa rédaction est telle qu'il est difficile de la distinguer, soit d'une instruction adressée par le ministre à ses agents, soit d'une approbation donnée aux actes de ceux-ci, soit d'un avis ou d'une mesure préparatoire. Cependant une décision ainsi rendue est exécutoire sans visa ni mandement des tribunaux, et elle emporte hypothèque.

Des observations à peu près semblables s'appliquent à la jurisprudence des préfets.

Les formes de l'instruction et de la décision devant les Conseils de préfecture offrent un peu plus de garanties. Cependant là encore il y aurait beaucoup à réformer. M. Dufour indique les améliorations désirables et cite le rapport d'un magistrat très-compétent en pareille matière, M. Boulatignier.

Devant le Conseil d'État, l'instruction est parfaitement organisée; mais les décisions de ce Conseil, même en matière contentieuse, ne sont que des avis qui peuvent ne pas être adoptés par le chef du gouvernement; il en existe des exemples sous divers régimes; on a vu l'approbation suspendue, et par conséquent le cours de la justice administrative interrompu pendant un intervalle qui a été quelquefois de deux ans.

Outre ces difficultés, il y en a encore une considérable; elle tient à ce que la législation administrative, au lieu d'être codifiée comme la législation civile l'est en grande partie, se trouve éparse dans l'immensité du *Bulletin des Lois* et même dans un certain nombre d'édits ou arrêts du Conseil de l'ancien régime, dont le caractère légal et obligatoire est à l'état de problème, puisque la Cour de Cassation le dénie, tandis que le Conseil d'État le recon-

Art. 4. Les procès qui ont ou auront lieu entre deux ou plusieurs communes, à raison de leurs biens communaux ou patrimoniaux, soit qu'ils aient pour objet la propriété ou la jouissance desdits biens, seront terminés pareillement par la voie de l'arbitrage.

Art. 5. Il sera procédé de la même manière pour les actions exercées ou à exercer par les communes contre des citoyens, pour usurpations, partages illicitement faits, concessions, défrichements, desséchements, et généralement pour toutes contestations qui auront pour objet des biens communaux ou patrimoniaux. »

Vint après la loi du 9 Ventôse an XII ainsi conçue :

« Art. 6. Toutes contestations relatives à l'occupation desdits biens qui pourront s'élever entre les co-partageants, détenteurs ou occupants, depuis la loi du 10 juin 1793, et les communes, soit sur les actes et les preuves du partage des biens communaux, soit sur l'exécution des conditions prescrites par l'article 3 de la présente loi, seront jugées par le Conseil de Préfecture.

---

naît avec raison, selon M. Dufour, dont l'argumentation est sinon décisive, au moins très-puissante.

Voilà une idée abrégée et très-incomplète des imperfections de notre système administratif. »

Qu'à côté de ces imperfections théoriques on place les imperfections pratiques, lesquelles sont aux premières, ce que les oscillations de l'extrémité du pendule sont aux oscillations de son point d'attache, et l'on comprendra combien il est désirable de voir, à l'exemple de la Belgique, la France ramenée à l'unité judiciaire, par la suppression presque totale du contentieux administratif.

Art. 7. Quant aux actions que des tiers pourraient avoir à intenter sur ces mêmes biens, le sursis prononcé par la loi du 21 Prairïal an IV, à toutes poursuites et actions résultant de l'inexécution de la loi du 10 juin 1793, est levé.

Art. 8. En conséquence, toutes personnes prétendant des droits de propriété sur les biens communaux partagés ou occupés par des particuliers, comme biens communaux, pourront se pourvoir pardevant les tribunaux ordinaires pour raison de ces droits; à la charge cependant de justifier, qu'elles, ou ceux aux droits desquels elles se trouvent, étaient en possession des biens dont elles répétent la propriété, avant le 4 août 1789, ou qu'à cette époque, il y avait instance devant les tribunaux pour la réintégration, etc., etc.... »

Enfin arriva la loi du 4ᵉ complémentaire an XIII laquelle édicta, ainsi qu'on vient de le voir, que les dispositions de la loi précédente s'appliquaient aux partages antérieurs à 93.

Ce rapide exposé fait afin de permettre une plus facile intelligence de ce qui va suivre, nous allons, sans rentrer à fond dans la discussion, examiner les quatre questions indiquées au début de cette étude, rappeler nos conclusions, et les étayer des autorités postérieures à la publication de nos livres.

PREMIÈRE QUESTION.

Les législations des apportionnements peuvent-elles être modifiées ou abrogées par l'autorité administra-

tive, notamment en exécution du décret de décentralisation ?

Bien avant la promulgation du décret de décentralisation, l'administration avait jugé convenable de substituer sa manière de voir aux prescriptions des législations des portions communales, sous prétexte : 1° Que ces lois n'étaient que des actes administratifs de nature à se trouver administrativement changés; 2° Que le décret de Brumaire an XIII permettait la modification des partages de propriétés communales.

Dans notre *Traité théorique, historique et pratique* nous nous sommes élevé avec force contre les erreurs que contenaient ces deux propositions et avons soutenu :

1° Que loin d'être des actes d'administration du pouvoir royal, les législations qui nous occupent, constituaient des lois en matières d'eaux et forêts, lois d'autant plus respectables que sous l'ancien droit elles étaient exécutoires *sans enregistrement*, contrairement aux règles ordinaires et aux privilèges de certaines provinces (Brillon — Chailland — Merlin — etc....)

2° Que le décret de Brumaire an XIII ne concernait nullement les partages de jouissance antérieurs à 93, partages déclarés définitifs et irrévocables par la loi du 4° complémentaire an XIII, qui venait surabondamment ainsi les mettre à l'abri de toute espèce d'atteinte.

Le 30 mars 1852 fut rendu le décret de décentralisation ainsi conçu :

« Louis-Napoléon, Président de la République française, considérant que, depuis la chûte de l'Empire,
des abus et des exagérations de tout genre ont déna-
turé le principe de notre centralisation administrative,
en substituant à l'action prompte des autorités locales
les lentes formalités de l'administration centrale; considérant qu'on peut gouverner de loin, mais qu'on
n'administre bien que de près; qu'en conséquence,
autant il importe de centraliser l'action gouvernementale de l'État, autant il est nécessaire de décentra-
liser l'action purement administrative; sur le rapport
du ministre de l'intérieur, le Conseil des ministres
entendu, Décrête :

Art. 1er. Les préfets continueront de soumettre à
la décision du ministre de l'intérieur les affaires
départementales et communales qui affectent directement l'intérêt général de l'État, telles que l'approbation des budgets départementaux, les impositions
extraordinaires et les délimitations territoriales; mais
ils statueront désormais sur toutes les autres affaires
départementales et communales qui, jusqu'à ce jour,
exigeaient la décision du Chef de l'État ou du ministre
de l'intérieur, et dont la nomenclature est fixée par le
tableau A ci annexé. »

Et dans le tableau A l'on trouve : « § 40, Mode de
jouissance en nature des biens communaux, quelle
que soit la nature de l'acte primitif qui ait approuvé
le mode actuel. »

Ce décret fut adressé au préfet avec une circulaire
ministérielle dans laquelle figure le passage suivant :

« Les modes de jouissance dont il s'agit sont, vous le savez, Monsieur le préfet, antérieurs ou postérieurs à la loi du 10 juin 1793. Les premiers sous l'empire du décret du 9 Brumaire an XIII, ne pouvaient être changés que par un décret impérial, sur la demande des conseils municipaux; pour la modification des seconds, il suffisait que le conseil municipal la votât et que ce mode fut approuvé par le préfet en Conseil de préfecture, sauf en cas de refus d'approbation, le recours en Conseil d'État de la part du conseil municipal et même d'un ou plusieurs habitants ou ayant droit à la jouissance des biens communaux.

Dans le système de la loi du 18 juillet 1837, lorsqu'il est question de la jouissance en commun, proprement dite, on ne considère plus, pour le changement du mode existant, si ce mode est d'une origine antérieure ou postérieure à la loi du 10 juin 1793. Le conseil municipal règle, sous la simple surveillance du préfet, la jouissance des biens communaux autres que les bois soumis au régime forestier, si d'ailleurs cette jouissance n'a pas été établie primitivement par d'anciens édits ou des ordonnances royales. Pour ce dernier cas le décret du 9 Brumaire an XIII, était jusqu'à présent demeuré en vigueur. Il ne pouvait être apporté de changement au mode de jouissance qu'avec l'autorisation du gouvernement.

Aujourd'hui, cette exception n'existe plus; les délibérations prises à ce sujet par les corps municipaux seront exécutoires sous votre approbation, quelle que soit la nature de l'acte qui ait sanctionné l'ancien mode.

Vous ne perdrez pas de vue, du reste, que tout changement doit tendre à améliorer l'usage préexistant, et qu'il importe notamment d'amener par vos conseils, les administrations municipales à stipuler des redevances au profit de la caisse municipale. C'est là un moyen légitime et naturel d'accroître les revenus des communes, qui, dans un trop grand nombre de localités, sont insuffisants pour subvenir aux dépenses les plus nécessaires. Attachez-vous surtout à empêcher que les nouveaux modes de jouissances n'établissent ou ne consacrent d'injustes inégalités entre les chefs de ménage d'une même commune. En principe, chaque habitant, ayant feu séparé, a un droit égal à la jouissance des biens communaux. Si des usages dérogatoires ont été tolérés en vertu du décret du 9 Brumaire an XIII, on doit y mettre un terme lorsque les conseils municipaux votent des changements dans les usages anciens. »

Forte de la généralité apparente des termes du décret, forte du commentaire ministériel, l'administration se crut les coudées franches, et bouleversa immédiatement en plusieurs départements les anciennes législations.

Nous publiâmes immédiatement aussi en nos *Dissertations juridiques*, une étude dans laquelle reprenant nos anciens arguments nous soutînmes que le décret de décentralisation, n'autorisait ni par sa *lettre*, ni par son *esprit*, ni par son *but*, l'autorité administrative à toucher aux anciens édits sur les partages de jouissance des biens communaux.

Que cela était impossible eu égard *au caractère de ces édits*, eu égard *aux termes du décret*, eu égard *aux nécessités d'une saine politique*, eu égard à cet éternel axiôme sans l'application duquel il n'y a pas de législation possible, *cjus est solummodo tollere leges cujus est condere*, etc., etc. (*Dissertations juridiques*, page 233.)

A cette opinion s'étaient empressés d'adhérer nos savants confrères M. Legrand (du barreau de Lille), et M. Dommanget (du barreau de Metz), qui tous deux font à juste titre autorité en la matière spéciale des portions ménagères.

A cette opinion s'était aussi bien nettement et bien catégoriquement rangé notre estimable confrère M° Billet, lequel formulait ainsi son appréciation, en un article inséré le 15 novembre 1855 au journal le *Progrès du Pas-de-Calais.*

« Au mois d'avril dernier nous avons continué d'examiner dans le *Progrès, le mode de jouissance des biens communaux* dans le Pas-de-Calais, qui repose sur l'arrêt du Conseil d'Etat du 25 février 1779. Nous avons alors été conduit à traiter de nouveau cette question, à l'occasion d'une circulaire de M. le préfet, adressée le 20 janvier précédent aux conseils municipaux sur cette matière importante.

En faisant ressortir les avantages que les municipalités pouvaient retirer en mettant en pratique les conseils que leur donnait M. le préfet et qui prouvaient l'intérêt qu'il porte à nos communes rurales, nous nous sommes demandé si le décret du 25 mars 1852 qui prononçait la *décentralisation administrative*, permettait à MM. les préfets, *même sur la proposition des conseils municipaux, d'anéantir les droits héréditaires établis par l'arrêt du 25 février 1779, relatif aux portions ménagères de marais en Artois*, alors surtout que la loi du 9 Ventôse an XII (29 février 1804), avait déclaré ces partages *définitifs*.

Nous nous sommes encore demandé si pour créer un nouveau mode de jouissance des parts ménagères de marais, il fallait un *décret* aux termes de la loi du 13 Brumaire an XIII (4 novembre 1804), pour le le cas où on n'admettrait pas qu'un arrêté de préfet put suffire d'après le décret sur la décentralisation administrative de 1852.

A l'époque où M. le préfet publiait sa circulaire du 20 janvier 1855 et où nous donnions dans le *Progrès* notre dernier article (25 avril 1855), il existait un arrêt du Conseil d'État (7 décembre 1854), dont nous ignorions alors complétement l'existence et duquel il résultait : « 1° Que le pouvoir, que le » décret du 25 mars 1852 sur la décentralisation, » confère aujourd'hui à MM. les préfets, au lieu et » place du Chef de l'État, de changer le *mode de* » *jouissance des biens communaux, quelle que puisse* » *être la nature de l'acte primitif qui ait approuvé le* » *mode existant*, ne pouvait s'exercer qu'à l'égard des » biens communaux sur lesquels les habitants en *pos-* » *session actuelle de jouissance, ne prétendent pas* » *avoir privativement des droits acquis et invariables.*

« 2° Que quand ces habitants jouissaient de ces
» biens, notamment en vertu d'un *partage* antérieur,
» opéré en exécution *d'un acte de l'autorité souve-*
» *raine*, MM. les préfets devaient *surseoir à statuer*
» *jusqu'à ce que les prétentions des possesseurs aient*
» *été jugées par l'autorité compétente.*

» Qu'en statuant *immédiatement* dans ce cas et en
» ordonnant que nonobstant les prétentions des pos-
» sesseurs et avant le jugement de leur mérite par
» l'autorité compétente, il serait passé outre à l'éta-
» blissement d'un nouveau mode de partage, le préfet
» commettait un *excès de pouvoir.* »

Examinons quel est le caractère de l'arrêt du
Conseil d'État du 25 février 1779, applicable à
plusieurs communes des arrondissements d'Arras et
de Béthune, et s'il confère à ses habitants *allotis* des
droits *acquis et invariables.*

A notre avis, l'arrêt du 25 février 1779 ne saurait
être considéré comme un simple *règlement adminis-*
tratif. C'est une *loi* plus étroite, plus impérative
même que les lois ordinaires. En effet, toutes les lois
rendues en matière *d'eaux et forêts* étaient générale-
lement et contrairement aux règles *générales* et aux
privilèges spéciaux de plusieurs de nos anciennes
provinces, *exécutoires* par elles-mêmes, sans être
soumises à l'enregistrement du Parlement de Paris.

Avant la promulgation du titre 25 de l'ordonnance
de 1669 sur les eaux et forêts, les *marais communaux*
étaient soumis aux principes de la législation des
eaux et forêts. Tous les jurisconsultes savent que non

seulement l'ordonnance de 1669, ainsi que celles antérieurement promulguées, n'avaient pas le caractère d'un acte d'administration du pouvoir royal, mais celui *d'une loi.* Il suit de là que l'arrêt du 25 février 1779, *constitutif* des portions ménagères de marais, qui en a opéré le partage en Artois, est *une loi* et non pas un *simple règlement administratif.*

Nous ne croyons pas que l'arrêt de 1779 ait été enregistré ou entériné par des *lettres-patentes;* mais, nous le répétons, cette formalité n'était pas exigée pour que cet arrêt fut exécutoire; on peut consulter à cet égard les *questions de droit* de M. le procureur général Merlin, *Verbo. Arrêt du Conseil*, qui rapporte toutes les questions émises sur ce point.

Tenons donc pour certain que l'arrêt du 25 février 1779 *est une loi,* qu'il en a tout le caractère.

Ajoutons encore que les législations des *portions ménagères communales* comme les *partages de jouissance, les droits qu'elles ont conféré,* et parmi ceux-ci les *droits héréditaires surtout,* ont été déclarés *définitifs* par la loi postérieure du 10 juin 1793, et depuis par celle du 9 Ventôse an 12, d'où il suit, que sous l'empire de nos *idées* et de notre *droit constitutionnel,* une loi *nouvelle* ne saurait même porter atteinte aux *droits des habitants allotis,* sans agir d'une manière rétroactive, et qui plus est, *révolutionnaire.*

Quelques personnes qui n'ont pas l'habitude d'*étudier* et de *creuser* les questions, ont cru que le décret du 9 Brumaire an XIII, permettait aux conseils municipaux d'apporter des changements dans les *modes* de jouissance de leurs biens communaux. En lisant avec attention les dispositions de cette loi, il est facile de se convaincre de suite que le législateur de cette époque n'a eu en vue que les *jouissances indivises* des marais communaux, mais qu'on ne saurait en faire l'application aux *partages*, aux *allotissements* de ces mêmes marais, qui ont eu lieu notamment en vertu de l'arrêt du 25 février 1779.

Il résulte donc de ce qui précède que non seulement l'autorité administrative ne saurait infirmer les *anciennes législations*, ce que le pouvoir législatif ne saurait faire lui-même, mais qu'en vertu du grand principe de la séparation des pouvoirs *administratif* et *judiciaire* qui trop souvent sont deux voisins *mal bornés* a dit M. Dupin, l'autorité administrative ne saurait être compétente sur la question de savoir quelle est la *nature*, *l'étendue*, le *caractère*, soit des droits confirmés par les anciennes législations, soit de ces législations elles-mêmes. »

Enfin grâce aux excellents mémoires présentés par nos confrères de la Cour de Cassation, le Conseil d'État décida le 7 décembre 1854, que par cela seul que les allotis prétendaient à des droits définitifs et irrévocables, l'autorité administrative devait attendre pour se prononcer, que le caractère et les conséquences des actes de partages eussent été compétemment déterminés. Voici l'arrêt du Conseil :

« Napoléon, etc....

Vu l'édit de juin 1769, enregistré au Parlement de Metz le 6 juillet suivant;

Vu la loi du 10 juin 1793;

Vu le décret du 9 Brumaire an XIII, et l'avis du Conseil d'État, approuvé le 29 mai 1808;

Vu le décret du 25 mars 1852, art. 1er et tableau A, n° 40;

Vu la loi du 9 Ventôse an XII (art. 6 et 8) et l'avis du Conseil d'État du 3 juin 1809, approuvé le 8 (art. 6);

Considérant que, si le décret du 25 mars 1852 sur la décentralisation administrative, a donné aux préfets le pouvoir qui, aux termes des articles 1 et 2 du décret du 9 Brumaire an XIII, appartenait au Chef de l'État, de changer le mode de jouissance des biens communaux, quelle que puisse être la nature de l'acte primitif qui ait approuvé le mode existant, *cette attribution n'est relative qu'aux biens communaux sur lesquels les habitants en possession actuelle de jouissance ne prétendent pas avoir primitivement des droits acquis et irrévocables,* que l'opposition de certains habitants de la section de commune de Longueville-les-Cheminot, au projet de partage présenté par le Conseil municipal, se fondait sur des droits primitifs, irrévocablement acquis, qui seraient dérivés à leur profit d'un partage antérieur opéré en exécution de l'édit de juin 1769; qu'en présence de réclamations de telle nature, le préfet devait surseoir à l'approbation d'un nouveau mode de partage, et renvoyer les parties devant l'autorité compétente, à l'effet de faire déterminer les conséquences du partage antérieur; qu'ainsi, en déclarant mal fondées les réclamations des opposants, et en ordonnant que, nonobstant leurs prétentions et avant jugement de leur mérite par l'autorité compétente il serait passé outre à l'établissement d'un nouveau mode de partage, l'arrêté attaqué a commis un excès de pouvoirs :

ART. 1er. L'arrêté du préfet du département de la Moselle, en date du 24 décembre 1852 et les décisions ministérielles qui l'ont approuvé, sont annulés. »

Cette jurisprudence trouve sa confirmation dans un arrêt du Conseil d'État rendu à la date du 14 mars 1855. Nous ne rapportons pas cet arrêt rendu dans les mêmes termes que le précédent, mais nous faisons observer qu'avant cette seconde solution, M. le ministre de l'intérieur avait déclaré ne plus soutenir et la décision attaquée et l'approbation qu'il lui avait donnée.

DEUXIÈME QUESTION.

Les législations des apportionnements conférent-elles aux allotis des droits définitifs et irrévocables, ou seulement des avantages temporaires et précaires de nature à être détruits ou modifiés.

Les avantages octroyés par les vieilles législations avaient été envisagés par nous comme revêtant un caractère d'irrévocabilité et d'incommutabilité (Voir *Traité historique, théorique et pratique. — Dissertations juridiques*). Cette opinion, on le conçoit, ne pouvait être celle de l'autorité administrative, qui en se rangeant à notre avis, se serait dépouillée ainsi elle-même de tout droit sur les législations qu'elle voulait entamer.

En conséquence, s'arrogeant le droit d'interpréter et de qualifier l'édit de 1769, l'autorité administrative, de tout point incompétente en ce regard, essaya, au moyen de déterminations prises en conseil municipal et en conseil de préfecture, de faire disparaître une législation qui la tenait en échec. Nous n'avons pas sous les yeux les déterminations relatives à la commune de Cheminot, mais nous allons transcrire celles concernant la commune d'Ennery ; les questions soulevées de part et d'autre se trouvant identiques.

« Le maire président fait lecture au Conseil d'un arrêt du Conseil d'État au contentieux, du 1er juin 1855, qui annule l'arrêté de M. le préfet du département de la Moselle, en date du 20 juillet 1853 et la décision ministérielle en date du 30 septembre suivant qui l'a confirmé, approuvant une délibération en date du 29 mai 1853, par laquelle le Conseil municipal d'Ennery a décidé que l'édit de juin 1769 cesserait d'être applicable aux biens communaux et qu'il serait établi un nouveau mode de jouissance ;

Considérant qu'il n'existe dans les archives de la commune d'Ennery aucun acte de partage régulièrement établi en exécution de l'édit de juin 1769 ;

Que d'anciens documents ou actes faits entre la commune d'Ennery et le seigneur dudit lieu, dont les minutes sont conservées à la mairie, semblent prouver diamétralement l'opposé ;

Qu'en supposant même qu'un partage ait été régulièrement établi en exécution dudit édit, on oppose aux réclamants qu'ils ne se sont pas conformés aux lois de 1789 et 1792 pour être définitivement apportionnés des lots qu'ils détenaient;

Qu'en conséquence la jouissance des biens communaux en faveur des anciens détenteurs ne peut-être fondée sur des droits privatifs irrévocablement acquis et qu'alors, aux termes du décret du 25 mars 1852 (tableau A, n° 40), la question rentre dans les attributions de M. le préfet, qui par son arrêté précité a changé le mode de jouissance et autorisé un nouveau partage;

Que d'ailleurs l'édit de juin 1769 n'a jamais été régulièrement suivi pour la jouissance des anciens lots de biens communaux, qui étaient régis par une coutume que chacun interprétait à sa volonté, ce qui fait que beaucoup de détenteurs avaient été mis à tort en jouissance de lots, d'où sont résultés déjà des procès et d'autres sont restés en suspens;

Qu'en outre un grand nombre d'habitants d'Ennery, inscrits parmi les anciens détenteurs qui ont formé le recours au Conseil d'État, protestent contre leur inscription attendu qu'ils n'y ont jamais consenti et qu'au contraire ils reconnaissent l'urgence du nouvel état de choses;

Qu'il est faux que l'abrogation de l'édit de juin 1789 et le nouveau partage des portions communales d'Ennery aient jeté la perturbation et occasionné des troubles dans cette commune, comme il est dit dans le pourvoi, mais qu'au contraire un grand nombre d'habitants qui au début étaient opposés à un changement sont aujourd'hui convaincus que c'est le plus équitable et le seul parti à prendre pour mettre un terme aux contrariétés auxquelles l'ancien état de choses a donné lieu et aux nombreux procès qui étaient sur le point d'être intentés, par suite de l'inexécution de l'édit de juin 1769;

Par ces motifs :

Le Conseil est unanimement d'avis que l'édit de juin 1769 n'a pas conféré de droits privatifs, irrévocables aux détenteurs des biens communaux partagés, il demande en conséquence que le Conseil de préfecture veuille bien rejeter leur opposition au changement du mode de jouissance, voté par les délibérations des 29 mai, 4 septembre et 20 novembre 1853, dont les dispositions sont maintenues par le Conseil municipal (15 août 1855). »

« Le Conseil de préfecture. Vu le decret impérial rendu en Conseil d'État le 14 juin 1855 qui, sur le pourvoi du sieur Joseph Bussienne et consors, annule l'arrêté du préfet du département de la Moselle, en date du 20 juillet 1853 et la décision ministérielle du 30 septembre suivant qui l'a confirmé, relativement à un partage nouveau des biens communaux d'Ennery proposé par le Conseil municipal de cette commune, annulation motivée sur ce que l'opposition de certains habitants à ce projet de partage se fondait sur des droits privatifs, irrévocablement acquis, qui seraient dérivés à leur profit d'un partage antérieur, en exécution de l'édit de juin 1769, et sur ce qu'en présence de réclamations de cette nature il y avait lieu de surseoir à l'approbation d'un nouveau mode de partage et à renvoyer les parties devant l'autorité compétente, à l'éffet de faire déterminer les conséquences du partage antérieur;

Vu le renvoi de l'affaire en Conseil de préfecture prononcé par le préfet de la Moselle ensuite de ce décret, le 11 septembre dernier;

Vu la délibération prise par le Conseil municipal d'Ennery, le 29 mars 1853, qui reconnait l'urgence d'abroger l'édit de juin 1769 en ce qui concerne le mode de jouissance des portions communales;

Vu les observations présentées le 4 juin 1853 par le sieur Bussienne et autres habitants de la commune d'Ennery, en réponse à cette délibération;

Vu le procès-verbal de l'enquête ouverte à ce sujet le 26 juin 1853;

Vu les nouvelles délibérations prises par le Conseil municipal d'Ennery les 28 août, 14 septembre et 20 novembre 1853, déterminant le règlement et les mesures d'exécution du nouveau partage;

Vu la dernière délibération du même Conseil en date du 15 août 1855, par laquelle, au vu du décret impérial du 14 juin précédent, il déclare être unanimement d'avis que l'édit de juin 1769 n'a pas conféré de droits privatifs, irrévocables, aux détenteurs de biens communaux partagés, et demande en conséquence que le Conseil de préfecture veuille bien rejeter leur opposition au changement du mode de jouissance, voté par les délibérations des 29 mai,

14 septembre et 20 novembre 1853 , dont les dispositions sont maintenues par le Conseil municipal ;

Vu le certificat de M. le maire d'Ennery en date du 6 septembre 1855, constatant que cette délibération du 15 août a été portée, par une annonce spéciale du 19 du même mois, à la connaissance des habitants et qu'elle est restée déposée pendant quinze jours à la mairie sans qu'elle ait donné lieu à aucune observation écrite qui soit parvenue à ce magistrat ;

Vu la lettre reçue à la préfecture le 2 du courant et adressée à M. le préfet de la Moselle, par le sieur Bussienne et autres habitants d'Ennery ;

Vu les différentes autres pièces de l'affaire, ensemble les instructions de M. le ministre, du 3 août 1855 ;

Vu l'édit de juin 1769, portant règlement pour le partage des communes dans les Trois-Évêchés, province dont faisait autrefois partie la commune d'Ennery ;

Vu la loi du 10 juin 1793 ;

Vu la loi des 9 Brumaire et 4e jour complémentaire an XIII ;

Vu les avis du Conseil d'État des 29 mai 1808 et 8 juin 1809 ;

Vu la loi du 13 juillet 1837 ;

Vu le décret du 25 mars 1852 ;

Ouï M. Leneveux en son rapport ;

Considérant que dans l'état où l'affaire se présente devant le Conseil de préfecture, la question à examiner où à résoudre par lui ne consiste pas à savoir, si, en fait, il y a lieu ou non d'autoriser un nouveau partage des biens communaux d'Ennery ;

Qu'aux termes du décret du 25 mars 1852 c'est le préfet qui est compétent à cet égard; que d'ailleurs, même avant le décret, la décision d'une question de cette nature ne rentrait pas dans les attributions du Conseil de préfecture;

Considérant qu'il s'agit uniquement d'apprécier le mérite de l'opposition du sieur Bussienne et consors, au partage nouveau provoqué par le Conseil municipal, en tant que cette opposition se fonde sur l'existence de droits acquis en vertu de l'édit de juin 1769;

Qu'il résulte du décret impérial du 14 juin 1855, que préalablement à la solution du fond, il doit être statué par l'autorité compétente sur cette difficulté préjudicielle;

Que bien que ce décret n'énonce pas quelle est, aux yeux du Conseil d'État, cette autorité compétente, l'ensemble des lois ci-dessus visées qui régissent la matière, et le caractère administratif de l'acte à interpréter, conduisent à penser, avec M. le ministre de l'intérieur, que ladite autorité est le Conseil de préfecture ;

Qu'il peut et doit donc en ce point avoir la connaissance du litige;

Considérant que des textes et de l'esprit de l'édit de juin 1768, il convient de conclure que les partages qu'il a permis ne portaient que sur la jouissance et non sur la propriété même des terres, prés, marais, landes ou friches, mentionnés en son article 1er.

Qu'après ce partage entre les habitants, la commune ne cessait pas d'être propriétaire des terrains ainsi partagés, qui conservaient et conservent encore la dénomination de terrains communaux; non pas seulement parceque telle aurait été leur ancienne origine antérieurement à 1769, mais parceque dans la réalité, depuis lors cette qualification leur appartenait toujours à bon droit;

Que par suite, la commune ne cessait pas non plus de figurer comme propriétaire sur les rôles des contributions et de payer, à ce titre les impôts;

Que par suite encore, ces terrains ne sont jamais entrés dans le patrimoine privé des habitants, de façon à ce qu'ils puissent les vendre de leur vivant et qu'après leur mort ils fussent regardés comme faisant partie de leur succession ordinaire;

Que loin de là, c'est la commune qui, à la vacance d'un lot provenant du départ ou du décès de l'apportionné, en dispose au profit d'un nouvel ayant-droit;

Considérant qu'il en a été constamment ainsi dans les différentes communes soumises à l'édit de juin et spécialement dans celle d'Ennery;

Considérant que cet état de chose n'a point été modifié par la loi du 10 juin 1793, qui donnait la faculté de partager les biens communaux et disposait que chaque habitant jouirait en toute propriété de la portion qui lui écherrait dans le partage (art. 1er de la section 2), qu'il est certain en effet que la commune d'Ennery n'a pas usé de cette faculté et qu'elle est restée, depuis 1793, sous le régime pur et simple de l'édit de juin 1769;

Considérant que de ce que les articles 5 et 6 de cet

édit consacrent l'hérédité en ligne directe seulement, et le droit de tester en faveur d'un des enfants tenant ménage, on ne saurait valablement en conclure que l'habitant est propriétaire du lot qu'il détient;

Que ces dispositions exceptionnelles et favorables peuvent facilement s'expliquer à un autre point de vue, que les articles 3 et 4 prouvent d'ailleurs clairement le droit de propriété réservé à la commune, puisque d'après le premier de ces articles les parts sont inaliénables et ne peuvent même pas être saisies, à l'exception des fruits qu'elles produisent, par les créanciers du possesseur, et que le second veut que les parts qui deviendront surnuméraires soient, à la diligence des maires et syndics, louées dans la manière ordinaire au profit de la communauté;

Considérant que si l'on se reporte aux différents actes du pouvoir royal qui, dans l'intervalle de 1769 à 1780, sont intervenus sur le même objet pour d'autres provinces de France, et qui peuvent dès lors être regardés comme ayant formé le droit commun en cette matière. (Édit de 1774 pour la Bourgogne. — Lettres-patentes de 1777 pour la Flandre. — Arrêt du Conseil de 1779 pour l'Artois). On voit que les dispositions principales en sont conçues dans le même esprit et que d'après leur ensemble, parfois plus explicite et plus détaillé que celui de l'édit de juin 1769, ils n'ont pas non plus porté atteinte au droit de propriété des communes;

Que conséquemment de ce que l'on rencontre dans l'article 1er de l'arrêt du Conseil du 25 février 1779, relatif à l'Artois, des termes exprès disant que le partage aura lieu entre les chefs de familles pour en jouir en usufruit seulement, il ne serait pas exact de conclure qu'il y a opposition entre cet arrêt et l'édit de 1769, qui conférait au contraire une jouissance en toute propriété;

Qu'il convient plutôt de penser que la rédaction seule est différente et que l'arrêt se borne à exprimer catégoriquement ce que l'édit sous-entendait et ce qui, du reste, ressortait suffisamment de la teneur et de la combinaison de ces différents articles;

Considérant enfin que l'on remarque que quand, par dérogation à ces règles, un partage devait rendre l'apportionné propriétaire, on le déclarait expressément; témoins les arrêts de 1771, 1773 et 1777, concernant les généralités d'Auch et de Pau, pour lesquelles au surplus l'aliénation des communes avait été autorisée en 1750;

Que rien de pareil n'a eu lieu pour la province des Trois-Évêchés et pour l'édit de 1769;

Considérant que de tout ce qui précède, il suit que la prétention du sieur Bussienne et consors, de tenir de l'édit de 1769 des droits privatifs, irrévocablement acquis, ce qui ne peut légalement s'entendre que de droits de propriété pleine, entière et absolue, c'est-à-dire de propriété incommutable, n'est pas susceptible d'être admise; Arrête :

Il est déclaré que l'édit de juin 1769 ne donne pas au sieur Bussienne et consors des droits privatifs, irrévocables, sur les portions des terrains communaux d'Ennery, qu'ils possèdent en vertu de cet édit : »

Sans nous arrêter à la délibération par laquelle un *Conseil municipal rural* a eu l'incroyable prétention, de *qualifier* et *d'interpréter* un acte émané de l'autorité souveraine, nous disons que pris par un pouvoir de tout point incompétent, et qui avait constamment confondu deux choses bien distinctes pourtant, les *droits définitifs* et les droits *de propriété*, le *domaine direct* et le *domaine utile*, l'arrêté du Conseil de préfecture fut infirmé, à la date du 24 avril, par l'arrêt du Conseil d'État que voici :

« Sur la compétence,

Considérant que le partage opéré avant 1789 dans la commune de Longueville-lez-Cheminot, l'a été, en exécution de l'édit du Roi du mois de juin 1769, et doit être réglé dans ses effets et ses conséquences, par l'application des dispositions de cet édit;

Que devant le Conseil de préfecture, la commune de Cheminot a soutenu que l'édit de juin 1769 n'avait pour but que de continuer un mode de jouissance révocable;

Que les sieurs Guépratte et autres ont au contraire prétendu que cet édit s'était proposé, en opérant un partage perpétuel et définitif, de constituer à leur profit des droits acquis et irrévocables;

Qu'en présence de ces prétentions opposées il y avait lieu d'interpréter l'édit de juin 1769;

Que si le Conseil de préfecture est chargé, aux termes des articles 6 et 7 de la loi du 9 Ventôse an XII

et de l'avis du Conseil d'État du 18 juin 1809,
de statuer sur les contestations relatives aux actes et
aux preuves de partage de biens communaux, *ce
n'est qu'à nous, en notre Conseil d'État, qu'il appartient de déterminer le sens et la portée d'un acte
émané de l'autorité supérieure;*

Qu'ainsi, c'est à tort que le Conseil de préfecture,
par l'arrêté attaqué a, par interprétation de cet édit,
apprécié la nature des droits auxquels il a donné
naissance ;

Au fond ;

Considérant que l'édit de juin 1769, qualifié de
perpétuel et d'irrévocable, a été rendu dans le but
de provoquer par la certitude d'une longue et pai-
sible possession des travaux de défrichement et de
desséchement ;

Qu'il a institué une jouissance individuelle et héréditaire et a déterminé limitativement les cas dans
lesquels, les lots attribués par le partage feraient
retour à la commune ;

Que de ces circonstances il résulte que les habitants
pourvus de lots, ne peuvent être considérés comme
réduits à une jouissance précaire et révocable au gré
de la commune ;

Que si la commune, aux termes de l'édit, a con-
servé certains droits sur ces lots et si notamment
elle pouvait, à la condition d'y être régulièrement
autorisée, changer le mode d'attribution ou de jouissance des lots qui lui font retour, ses droits ne peuvent
s'étendre jusqu'à devancer l'époque du retour et à

faire cesser immédiatement une jouissance qui n'a été soumise par l'édit qu'à certains cas déterminés d'extinction ;

Notre Conseil d'État au contentieux entendu :

Avons décrété et décrétons ce qui suit :

ART. 1er. L'arrêté du Conseil de préfecture du département de la Moselle, en date du **27 mars 1855**, est annulé pour incompétence.

ART. 2. Il est déclaré que l'édit de 1769 confère aux sieurs Guépratte et consorts, sur les lots formés et distribués en exécution du partage conforme à cet édit, des droits irrévocablement acquis dans les limites et sous les conditions énoncées audit édit.

ART. 3. Le maire de la commune de Cheminot, comme représentant la section de Longueville, est condamné aux dépens. »

Nous ferons observer sur cet arrêt, que l'autorisation des partages et la jouissance des lots faits en vertu de l'édit de 1769, ayant été concédées non aux habitants existant à cette époque, mais « aux futurs habitants qui avaient une vocation directe dans le titre primitif, à la communauté corps immortel composé de ceux qui n'existent pas comme des habitants actuels », choses qui eussent empêché la modification de ces partages sous l'empire des lois anciennes, où les droits communs étaient inaliénables; il ne faudrait aujourd'hui que ces droits peuvent être aliénés, rien moins pour permettre une modification des principes de l'édit de 1769, que le *consentement légal des parties intéressées*, car un droit est toujours sacré, car un droit est une propriété, et une propriété ne saurait jamais être arbitrairement anéantie.

TROISIÈME QUESTION.

Quelle est la juridiction compétente touchant les difficultés relatives aux questions d'aptitude personnelle à l'allotissement des portions communales ?

Conformément à la jurisprudence de la Cour de Cassation, des Cours Impériales et du Tribunal des Conflits ; conformément à l'opinion de Proudhon, de Curasson, de MM. Meaume et Dufour, et contrairement à la jurisprudence du Conseil d'État, étayé des assentiments de nos honorables confrères MM. Legrand et Serrigny, nous avons soutenu, pages 570 à 607 de notre *Traité*, que l'autorité compétente, relativement aux questions d'aptitude personnelle, était l'autorité judiciaire, et les conclusions de notre discussion étaient celles-ci :

« 1° *Pour ce qui est de la compétence en matière affouagère, voici quelle est notre appréciation :*

L'attribution de la compétence est uniquement réglée par la loi du 10 juin 1793, — celle du 9 Ventôse an XII, et le décret du 4e complémentaire an XIII. (Restant à l'écart l'avis du Conseil d'État et l'ordonnance royale qui n'ont trait qu'à l'usurpation et la réintégration des communaux).

Or, la loi de 1793 dont les autres ne sont que les corollaires, distingue soigneusement entre le *mode* du partage, et le *fond du droit* à ce même partage. S'agit-il de contestations relatives au mode de partage, elles sont, sans distinction, du ressort de l'autorité administrative.

S'agit-il de contestations dérivant du droit au partage, à raison de *droits, usages, prétentions, jouissance, propriété;* ces contestations sont toutes, *sans distinction* encore, dévolues à l'autorité judiciaire. *Sans distinction* et conséquemment sans qu'il y ait à différencier la *capacité civile* de la *capacité relative;* l'*aptitude générale* de l'*aptitude spéciale*, etc., etc.

Et pourquoi, du reste, distinguerait-on ? Non seulement les textes ne conduisent pas à le faire, mais les règles s'y opposent formellement. Le droit à l'affouage dérive de lois et matières ordinaires (art. 105 du code forestier), et, en face du principe fondamental qui veut la séparation, l'indépendance complète des pouvoirs administratif et judiciaire, on ne voit pas pourquoi il y aurait ici empiétement exceptionnel, anormal, au bénéfice de l'autorité administrative, au préjudice de l'autorité judiciaire.

Peu importe maintenant que dans la loi de 1793, il n'ait été expressément indiqué que les litiges entre les communes, et les litiges entre les communes et les particuliers sans qu'on y ait ajouté les litiges entre particuliers seulement.

Peu importe que cette loi soit plus ou moins explicite, qu'elle ait été rédigée en termes plus ou moins exacts dans leur rigoureuse acception juridique.

Peu importe qu'il puisse y avoir difficilement lieu à contestations sur le mode de partage.

On sait comment s'enlevaient les lois révolutionnaires ; — lois d'urgence précipitamment faites ; — lois politiques fiévreusement élaborées, au point de vue du but, bien plus par des hommes de circonstance, s'embarrassant peu des détails, que par des jurisconsultes prévoyants et souçieux de la rédaction à cause des disputes qu'ultérieurement elle pourra engendrer.

Il n'a pas été parlé de procès entre particuliers, soit : mais du moment que toutes les contestations inhérentes au fond du droit, sont du ressort des tribunaux ordinaires, soit de commune à commune, soit de commune à particulier *et vice versà;* ces mêmes contestations seront *à fortiori* de ce même ressort entre particuliers seulement.

Du reste, toutes les contestations à l'occasion de la jouissance des portions de communaux devraient, en bonne procédure, être dirigées contre les communes.

En effet, de deux choses l'une : ou la part à laquelle prétendra le demandeur n'aura encore été attribuée à personne, ou elle aura reçu son attribution.

Au premier cas, ce sera évidemment la commune détentrice et propriétaire qu'il faudra assigner.

Au second cas, il faudra attraire en justice, la commune propriétaire et l'habitant détenteur, et il sera clair que dans la cause, la présence d'un particulier à coté de la commune défenderesse, ne saura changer le caractère du litige.

Si le droit innommé de l'apportionné, n'est à proprement parler, ni un droit d'usage, ni un droit de propriété, ce droit est du moins un de ces *droits*, une de ces *prétentions*, une de ces *réclamations généralement quelconques*, dévolues à l'autorité judiciaire (Art. 3, section 5, loi du 18 juin 1793).

Avec notre opinion, la compétence administrative sera à peu près illusoire. — Le législateur aura parlé pour ne rien dire. — Nous le concédons. — C'est ce qui est arrivé plus d'une fois au législateur en bien d'autres endroits.

Avec l'opinion contraire, la compétence administrative serait réelle. — Mais, on nous le concédera aussi, à la condition d'entamer l'intégrité du pouvoir judiciaire.

Avec notre opinion, le texte et l'esprit de la loi se trouveront respectés.

Avec l'opinion contraire, il faudra violer la lettre qui, de particuliers à communes, attribue aux tribunaux ordinaires, la connaissance de *toutes réclamations généralement quelconques;* la lettre qui de communes à particuliers investit ces mêmes tribunaux de la connaissance de toutes les contestations... (Art. 3 et 5, section 5, loi du 10 juin 1793); méconnaître l'esprit de la loi qui a distingué entre le *mode* du partage et le *fond* du droit; — admettre que le législateur a parlé pour dire précisément le contraire de ce qu'il a dit, — et répudier par-dessus tout, le grand et fondamental principe de la séparation des pouvoirs administratif et judiciaire.

Entre ces deux thèses il n'y a pas à hésiter, suivant nous, c'est pourquoi nous adoptons la jurisprudence du Tribunal des Conflits.

La loi de 1837 aux termes de laquelle les Conseils municipaux peuvent réglementer les affouages (art. 17 et 18) n'est pas de nature, tant qu'il n'y aura pas de règlements, à intervertir l'ordre des juridictions.

Tant qu'il n'y aura pas de règlements, disons-nous, car toutes les fois qu'un conseil municipal, dans les limites de ses attributions, aura réglementé le mode de partage; si des contestations à l'occasion de l'interprétation interviennent, elles devront être soumises aux tribunaux administratifs, par la raison qu'elles émaneront d'un acte où n'a rien à voir l'autorité judiciaire.

Cette restriction, n'a du reste rien de contraire à la jurisprudence du Tribunal des Conflits, qui jamais n'a eu à statuer sur des difficultés nées de l'interprétation d'un règlement affouager, dressé par l'administration.

2° *Pour ce qui est de la compétence en matière de partages de propriétés communales, partages autorisés et régis par arrêts, édits, lettres-patentes, antérieurs à 1793; voici ce que nous estimons devoir en penser :*

Nous ne demanderons rien aux fluctuations, qui, avant 1789, ont dévolu la compétence tantôt aux administrateurs, tantôt aux magistrats; elles ne témoignent en effet que de l'indécision qui régnait alors, et ne fournissent pas de bien grandes lumières pour la thèse à discuter aujourd'hui.

Toute la question, selon nous, se réduit au point de savoir si les édits, lettres-patentes, arrêts, qui ont autorisé le partage, sont des monuments judiciaires ou des monuments administratifs.

Dans la première hypothèse, les compétences seront les mêmes qu'en matière d'affouage, suivant la distinction à établir entre le mode de partage et le droit au partage. Seulement il n'y aura pas lieu à appliquer les articles 17 et 18 de la loi de 1837, lesquels ne sont exclusivement applicables qu'au partage des *fruits* et non des *fonds* des biens communaux.

Dans la seconde hypothèse, la compétence sera exclusivement administrative.

Mais *quid* du caractère de ces édits, lettres-patentes, arrêts, etc. ?

Nous n'avons ici qu'à renvoyer à ce que nous avons dit, au titre de l'illégalité des modifications apportées aux législations des portions ménagères.

Il y a été démontré, que les édits, lettres-patentes, arrêts du Conseil, en cette matière, étaient de vraies lois ordinaires.

Quoiqu'il en soit, n'ayant ni la prétention, ni la certitude d'avoir trouvé un *criterium* de vérité dans la solution de la question de compétence, nous manifesterons, comme M. Legrand, le désir de voir enfin un texte terminer les luttes doctrinales et jurisprudentielles qui n'ont duré que trop longtemps et qui toujours dureront sans l'intervention du législateur. Cette intervention seule, au point où en sont les choses, pourra trancher les difficultés ; qu'elle se fasse donc, car malgré ce qu'a dit l'honorable M. Serrigny, *Dignus vindice nodus.* »

Ces conclusions ont été depuis lors admises, et par de nouvelles solutions de l'autorité judiciaire, et par tous les arrêts rendus par le Conseil d'État, dont la jurisprudence, parfaitement fixée désormais, est qu'à l'autorité judiciaire appartient la connaissance exclusive des questions s'agitant à l'occasion de l'aptitude personnelle à l'aspirance ou à l'allotissement.

On lit dans un arrêt de la Cour de Metz, rendu le 10 mai 1854.

« Attendu qu'aux termes des lois des 10 juin 1793, articles 1 et 2, section 5; 9 Ventôse an XII, article 6; des décrets du 9 Brumaire an XII; du 4ᵉ jour complémentaire de la même année; et de la loi du 18 juillet 1837, articles 17 et suivants, l'autorité administrative est seule compétente pour statuer sur les contestations relatives au mode de partage et au mode de jouissance des biens communaux; mais que les tribunaux civils restent compétents, pour statuer sur les questions de propriété, de nationalité, d'état civil, et même sur les questions d'aptitude personnelle à la jouissance desdits biens. C'est-à-dire, sur les contestations relatives aux conditions desquelles dérive le droit individuel du réclamant, à la jouissance d'un lot de biens communaux; que tel est le dernier état de la jurisprudence administrative et judiciaire. (Tribunal des Conflits, 10 avril 1850. — Conseil d'État, 30 novembre 1850. — 5 avril 1851. — 3 mars 1853. — 14 avril 1853. — Cour de Cassation, 21 janvier 1852). »

Et, le 12 avril 1854, en un arrêt réputant non

avenu l'arrêt sus-énoncé, le Conseil d'État déclara sur cette question de compétence :

« Considérant que, en cas de contestation entre une commune et un habitant sur la question de savoir, si celui-ci remplit personnellement les conditions nécessaires pour être mis en jouissance d'un lot de biens communaux, c'est à l'autorité judiciaire qu'il appartient de prononcer sur le droit que le réclamant peut avoir de cette jouissance. »

A cet arrêt du Conseil d'État il faut joindre tous ceux qui ont été rendus depuis lors, et notamment les décisions des 16 novembre 1854. — 28 décembre 1854. — 27 juin 1855. — La question se trouve donc résolue *In terminis*.

QUATRIÈME QUESTION.

La veuve artésienne peut-elle, comme dans toutes les autres provinces, continuer la jouissance du lot ménager au décès de son mari?

Dans une longue dissertation (pages 496 à 570 de notre *Traité*), nous avons établi d'une manière irréfragable, qu'au point de vue des principaux motifs qui avaient déterminé les partages de jouissance, c'est-à-dire le désir d'accroître la population et de venir en aide aux nécessiteux; qu'au point de vue du droit commun en pareille matière; qu'au point de vue des précédents allotissements de jouissance en Artois; qu'au point de vue de la jurisprudence des anciens États d'Artois, de la jurisprudence du Directoire, de la première jurisprudence du Conseil de préfecture; qu'au point de vue de la moralité, de la justice, de l'humanité; qu'au point de vue du vœu des populations et des autorités de tous grades; qu'au point de vue des conséquences devant lesquelles avaient reculé jusqu'aux partisans du système de spoliation des veuves; qu'au point de vue même de l'aptitude du ménage à bénéficier de la part échue à une fille, antérieurement à son mariage, il fallait maintenir à la veuve artésienne la jouissance qui lui était immémorialement acquise : et nos raisons nous ayant paru sans réplique, devant le droit, l'histoire et la philosophie, notre espérance avait été que sitôt l'occasion donnée, le Conseil de préfecture se serait empressé de revenir aux vrais principes, mais il en a été autrement.

Se croyant lié sans doute ou du moins engagé par sa dernière jurisprudence, le Conseil de préfecture en divers arrêtés, a continué à dénier aux veuves la jouissance de la portion communale, et voici sous la date du 13 mai 1856, l'un des derniers arrêtés.

« Vu un mémoire présenté, à la date du 24 mars 1856, par le sieur Devillers (Pierre-Hermant-Joseph), demeurant à Auchy-lez-Labassée, exposant qu'il est d'usage immémorial que le terrain communal désigné sous le nom de marais, appartenant à la commune d'Auchy, soit partagé par partie et que chaque parcelle revienne à l'aîné de la famille au décès du chef apportionné; pourquoi il demande en sa qualité d'aîné des enfants issus du premier mariage du sieur

Pierre-Joseph Devillers son père, avec la dame Honorine-Joseph Rambaux, à être envoyé en possession de la part de marais dont son père se trouvait apportionné, par délibération du Conseil municipal de ladite commune prise le 12 mars 1836;

Vu un extrait du registre aux actes de décès de la commune d'Auchy, constatant que le sieur Devillers est décédé le 24 novembre 1854;

Vu le mémoire en réponse présenté par la dame Léocadie Copin, épouse en secondes noces du sieur Devillers, aujourd'hui sa veuve et comme telle laissée en possession de la portion ménagère dont avait été apportionné son mari;

Vu une délibération du Conseil Municipal de ladite commune d'Auchy, prise le 1ᵉʳ mai présent mois, énonçant qu'en cette commune l'épouse devenue veuve a toujours continué de tenir et occuper la portion ménagère qui avait été dévolue à son mari;

Vu une délibération du Conseil municipal de ladite commune d'Auchy, prise le 15 août 1855, approuvée de M. le Préfet à la date 19 décembre, formulant un nouveau règlement au sujet des portions ménagères de marais dont il s'agit;

Vu l'arrêt du Conseil d'État du 25 février 1779, les articles 725 et 2 du Code Napoléon et l'arrêt du Conseil d'État du 28 mai 1852 (Demailly).

Vu l'arrêté de renvoi au Conseil de Préfecture pour statuer, en date du 10 mai présent mois.

En droit :

Considérant qu'il n'est pas contesté que les parts

de marais dépendants de la commune d'Auchy-lez-Labassée étaient régies par le décret du 25 février 1779, spécial au partage des marais communaux de l'ancienne province d'Artois, que jusqu'à production d'un règlement nouveau dûment revêtu de la sanction administrative, les dispositions contenues au décret précité se trouvent être l'unique et commune loi des parties;

Considérant qu'aux termes du décret sus-visé l'aîné mâle de chaque famille et à défaut des mâles, l'aînée des femelles sont seuls admis à succéder auxdites parts;

Considérant qu'aux termes de l'article 724 du Code Napoléon, les héritiers légitimes sont saisis de plein droit, des biens, droits et actions du défunt dès l'instant de son décès;

Considérant que le règlement nouveau aujourd'hui produit et dont on entend exciper, porte la date du 15 août 1855, postérieure à celle du décès du sieur Devillers père;

Considérant qu'aux termes de l'article 2 du Code Napoléon et de la jurisprudence, les lois et règlements ne disposent que pour l'avenir et n'ont point d'effet rétroactif, à moins qu'ils ne s'appliquent à des lois et règlements simplement rétroactifs;

Qu'en l'espèce on ne saurait reconnaître au règlement dont s'agit, cet unique but;

Au fond;

Considérant que le sieur Devillers, en son vivant apportionné d'une part de marais, est décédé le

24 novembre 1854, laissant pour l'aîné des mâles de sa famille le sieur Devillers (Pierre-Hermant-Joseph), lequel s'est trouvé dès cet instant aux droits de son père;

Considérant qu'il est de jurisprudence que toute attribution irrégulière doit être considérée comme non-avenue ;

Considérant enfin que dans ces circonstances, Devillers comme aîné des mâles, si du reste il justifie des autres qualités requises, doit être investi de la part de marais communal laissée par son père;

Par ces motifs, Arrête :

ART. 1er. La dame veuve Devillers née Copin, aura à délaisser la part de marais qu'elle détient du chef de son mari.

ART. 2. Il lui sera tenu compte, s'il y a lieu et par qui de droit, avant toute mise en possession, des frais d'engrais, de labours et semences, par elle justifiés.

ART. 3. M. le Maire de la commune d'Auchy-lez-Labassée devra, s'il y a lieu, envoyer en possession de la part de marais dont s'agit, le sieur Devillers réclamant. »

Nous abstenant de critiquer cette jurisprudence *sans base et sans motifs*, nous réservons nos observations pour un plus récent arrêté (du 20 juin 1856), rendu relativement à la commune d'Évin-Malmaison et après la délibération qui suit :

« Extrait du registre des délibérations du Conseil municipal de la commune d'Évin-Malmaison.

L'an 1856 le 6 mai, après s'être au préalable éclairé et avoir mûrement délibéré sur toutes les questions soulevées par les réclamations sus-mentionnées;

Vu l'arrêt du Conseil du 25 février 1779;

Vu les différents documents doctrinaux et jurisprudentiels;

Considérant que, comme toutes les autres législations sur la matière, l'arrêt du Conseil de 1779 a eu pour base : 1° L'accroissement de la population; — 2° Le soulagement des malheureux ainsi que le porte textuellement et littéralement le préambule de l'arrêt où il est dit que « le partage est fondé sur l'humanité pour assurer aux pauvres une subsistance » ;

Considérant que l'aptitude soit à la jouissance, soit à l'aspirance ne demande que trois conditions; 1° L'habitation dans la commune, parce que les portions ménagères ne doivent échoir qu'aux enfants du clocher; 2° Le feu distinct et séparé, afin qu'une même famille ne puisse jouir de deux parts; 3° La qualité de chef de feu, parce que l'on a voulu par l'allotissement développer l'esprit de famille et affermir l'autorité domestique;

Considérant que ces conditions remplies, tout chef de famille doit, à son rang d'ancienneté, être alloti de la portion ménagère, c'est-à-dire de la portion dévolue principalement au ménage, en raison des considérations précédemment déduites;

Ces principes posés;

Sur la question d'aspirance de la femme pendant son mariage;

Considérant que l'arrêt de 1779 a été, comme toutes les autres législations du même genre, rédigé par la représentation provinciale, c'est-à-dire en Artois par les États, que le Roi n'a fait que signer la rédaction qui lui a été soumise, afin d'être revêtue de la sanction de sa puissance, du sceau de son autorité;

Considérant en conséquence que l'esprit de la loi ne pouvant mieux être révélé que par ceux qui l'ont dictée, il convient de s'en référer à la jurisprudence des États, seule juridiction compétente anciennement pour statuer sur les difficultés relatives aux allotissements, afin de sûrement interpréter ou de justement appliquer l'arrêt de 1779;

Considérant que le ménage a deux chefs, l'homme et la femme; que soutenir le contraire serait établir une disproportion qui répugne à la nature, une infériorité antipathique aux mœurs, et créer une distinction repoussée même par la dénomination de portion ménagère : que constamment les États d'Artois l'ont décidé ainsi, comme le prouvent les ordonnances des 8 juin 1780 Carvin-Épinoy. — 30 juillet 1782 Vitry. — 24 août 1785 Vitry. — 17 septembre 1785 Carvin-Épinoy. — 17 août 1785 Carvin-Épinoy;

Considérant que cette jurisprudence qui a rallié l'opinion de M. le ministre de la justice, a été adoptée par le Conseil d'État le 20 février 1835, et invariablement et constamment suivie par le Conseil de préfecture du Pas-de-Calais, que c'est en ce sens que se sont prononcés MM. Legrand *(Traité de législation des portions ménagères)* et Le Gentil *(Traité historique, théorique et pratique de la législation des portions communales.)*

Considérant que cela est incontestable, qu'en effet pour refuser à la femme l'aspirance pendant le mariage, il faudrait prétendre que cet état lui fait perdre la qualité de chef de famille, chose absurde, puisque la femme transmet au ménage la portion dont elle se trouvait allotie avant son mariage, ce qui serait impossible s'il y avait défaillance des conditions d'aptitude de la femme, perte de la qualité de chef de famille ;

Considérant que la conséquence forcée de cette transmission, est que pendant le mariage la femme conserve son aptitude et pour l'allotissement et pour l'aspirance ;

Sur la question du droit des veuves ;

Considérant que la continuation par la veuve de la jouissance du droit ménager, résulte du droit commun de toutes les législations sur les partages de jouissance, de l'édit de 1769 pour la Lorraine, de l'édit de 1774 pour la Bourgogne, des lettres-patentes de 1777 pour la Flandre, toutes législations en vigueur aujourd'hui ;

Considérant que les motifs qui ont fait admettre textuellement cette disposition dans les autres lois à savoir la faveur due au mariage, le secours à allouer aux nécessiteux, doivent par identité la faire admettre dans la législation de l'Artois;

Considérant qu'il importe peu que cela ne soit pas écrit dans l'arrêt de 1779, puisqu'il ne contient rien de dérogatoire à cette disposition, qui doit être suppléée de même que sont suppléées tant d'autres choses sur lesquelles cet arrêt ne s'explique pas, telles que l'aspirance, l'indivisibilité du lot ménager, etc.;

Considérant que le droit commun était également le droit particulier de l'Artois; qu'en effet par les lettres-patentes de 1773, octroyées pour cette province, se trouve édictée en toutes lettres la continuation de la jouissance de la veuve artésienne;

Considérant que tous les partages particuliers qui, en différentes localités, ont été autorisés à partir de cette époque jusqu'à 1779, ont explicitement mentionné la jouissance de la veuve;

Considérant que l'omission de la mention de cette jouissance en 1779, prouve seulement qu'elle était par trop claire et par trop évidente pour pouvoir faire difficulté, ainsi que l'ont constamment décidé les États d'Artois, lesquels ont invariablement statué qu'il ne pouvait y avoir hérédité ou vacance qu'au décès du survivant des chefs de ménage; Athies 24 août 1785. — Vis-en-Artois 6 mai 1786. — Vendin-le-Vieil 8 juin 1787. — Vitry 12 septembre 1787. — Vendin-le-Vieil 9 février 1788. — Carvin-Epinoy 20 octobre 1789. — Meurchin 20 mars 1790, etc., etc.;

Considérant que cette jurisprudence a été suivie

par le Directoire du département et par le Conseil
de préfecture jusqu'en 1823, époque à laquelle par
une confusion regrettable des principes de l'arrêt et
de la puissance maritale, l'autorité administrative se
fondant sur une absence de texte a décidé le contraire;

Considérant que les conséquences de cette jurisprudence sans aucune base que rien puisse légitimer en
droit comme en équité, jurisprudence qui du reste
a varié depuis lors, était tellement inique et tellement désastreuse que l'autorité administrative a reculé devant leur application, qu'ainsi il a été jugé
que la continuation de la jouissance de la veuve
devait avoir lieu lorsque la portion ménagère était
entrée de son chef dans le ménage. — Arrêt du
Conseil de Préfecture du Pas-de-Calais du 9 janvier
1846. — Arrêt confirmatif du Conseil d'État affaire
Lebas — alors que cependant aucune distinction
n'est à faire au point de vue de l'absence du texte au
prétendu principe qui ferait perdre à la femme par
le mariage, la qualité de chef de famille;

Considérant que cette jurisprudence appliquée constamment dans une foule de localités et notamment
dans la commune d'Évin, a blessé le sentiment de
justice et des populations et de l'administration elle-
même, qu'ainsi elle a donné lieu aux protestations
des communes de Lens, de Loison, d'Harnes, d'Au-
nay, etc., à la protestation de M. le sous-préfet de
Béthune, au nom de son arrondissement, aux règlements particuliers des communes de Rœux, Biache-

Saint-Vaast, de Vitry, de Lens, faits uniquement dans l'intérêt des veuves, au projet de M. Cuinat, recognitif de cet intérêt et du droit qu'il consacre : qu'ainsi elle a été hautement et formellement désapprouvée par M. le ministre de l'intérieur le 30 août 1838, et que les principes qu'elle émet ont aussi été très-catégoriquement repoussés par M. le préfet du Pas-de-Calais, en sa circulaire du 30 janvier 1855 ;

Considérant que la spoliation des veuves a été blâmée par tous les jurisconsultes qui ont été appelés à la contrôler. — Billet, *Observations sur l'arrêt de 1769*. — Le Gentil, *Traité historique*, etc., pages 496 à 570, etc. ;

Sur la question des droits des veufs ;

Considérant que les droits des veufs n'ont jamais été sérieusement contestés, qu'ils seraient incontestables même précisément par les raisons qui ont fait spolier les veuves ;

Considérant que les arrêts des États d'Artois ont constamment décidé que le veuf devait continuer à jouir de la portion ménagère quelle que fut son origine, que cette jurisprudence a été suivie depuis lors et que la question ne saurait faire aucune difficulté, le veuf restant évidemment chef de famille ;

Par ces motifs,

Est d'avis formel et unanime : 1° qu'Appoline Herbaut, veuve Butruille Louis, Catherine Remy, veuve Delobel Jean-Baptiste, Augustine Thuilliez, veuve Blondiaux Noël, résident réellement et suffisamment dans la commune.

2° Qu'à aucun égard on ne peut au point de vue du texte de l'arrêt du Conseil, comme au point de vue de son esprit; au point vue de l'histoire du droit, comme au point de vue de la justice, de la morale et de l'équité, spolier soit les veuves, soit le veuf, ou refuser aux femmes mariées l'aspirance pendant le mariage : qu'en conséquence les dames Appoline Herbaut, veuve Butruille Louis, Catherine Remy, veuve Delobel Jean-Baptiste et Augustine Thuilliez, veuve Blondiaux Noël, doivent à tous titres être maintenues dans leur possession.

Le maire d'Évin-Malmaison,

Signé : GAMBIER. »

Après la délibération si nette et si solide, dans laquelle à tous égards la commune d'Évin-Malmaison avait sommairement exposé les principes applicables aux droits des veufs, des veuves et à l'aspirance de ces dernières, on aurait du s'attendre, ou à un revirement de jurisprudence, ou à un *arrêté principe,* par lequel, maintenant sa décision dernière, le Conseil de préfecture fût venu heurter de front les raisons qui lui étaient opposées.

Mais la jurisprudence du Conseil s'est trouvée purement et simplement continuée, et ce à l'aide de prétextes, qui sans aucunement la justifier, sont encore bien moins de nature, nous ne dirons pas à invalider, mais à effleurer, les indestructibles considérations de la commune d'Évin, voici l'arrêté du Conseil :

« Le Conseil de préfecture du département du Pas-de-Calais,

Vu un mémoire daté du 10 mars 1856, présenté conjointement par les sieurs Hermant Jean-Baptiste et Wallin François, de la commune d'Évin-Malmaison, en leurs qualités d'aspirants les plus anciennement domiciliés et à cet effet, réclamant contre l'attribution faite de parts de marais aux dénommés ci-après, savoir :

A la veuve Blondiaux, née Marie-Augustine-Françoise Thuilliez, comme jouissant d'une part de marais dont son mari Noël Blondiaux avait été pourvu ;

Au sieur Plaisant Aimé, veuf d'Ernestine Mathon, comme jouissant également d'une part de marais dont sa femme avait été apportionnée du chef de son frère, aussi parce qu'il a quitté la commune d'Évin et habite la ville de Douai ;

A la veuve Delobel Jean-Baptiste, née Sabine-Catherine Remy, comme jouissant d'une part de marais que son mari tenait du chef de sa mère ;

Enfin, à la veuve Butruille, née Appoline Herbeau, comme ayant été mise en possession d'une part de marais depuis peu sous les droits d'aspirance de son mari, décédé cependant depuis le 16 octobre 1849 ;

Vu un mémoire en réponse présenté aux noms des dénommés Salgado et consorts et délibéré, à la date du 20 avril 1856, par MM. Le Gentil, Lenglet et Leducq, avocats du barreau près le Tribunal civil d'Arras, concluant au maintien des apportionnements contestés ;

Vu une délibération du Conseil municipal de la commune d'Évin, prise à la date du 6 mai dernier;

Vu l'avis de M. le sous-préfet de l'arrondissement de Béthune;

Vu les pièces au dossier;

Vu l'arrêt du 25 février 1779, la loi du 10 juin 1793, le décret du 9 Ventôse an XII et celui du 4ᵉ jour complémentaire an XIII;

Vu l'ordonnance rendue le 6 décembre 1814, en ce qui concerne le sieur Salgado;

Vu l'arrêté du renvoi au Conseil de préfecture pour statuer;

Considérant que l'arrêt du 25 février 1779 a été rendu par le Conseil d'État du Roi, sur la proposition et la demande des États de la province d'Artois, comme pareil partage de leur communaux avait été également sollicité et obtenu par d'autres généralités, notamment celle des Trois-Évêchés en 1769, du duché de Bourgogne en 1774, de la province de Flandre en 1777, qu'il résulte de ces faits que chacune des provinces se trouvait avoir et avait ainsi entendu se donner une législation particulière, bien que dans toutes la raison de partager fût la même et l'objet à partager identique, c'est-à-dire *la jouissance par allotissement des biens communaux;*

Considérant que l'un des caractères particuliers de l'arrêt sus-visé et rendu spécialement pour la province d'Artois, est l'ordre de dévolution des lots qu'il établit uniquement et sans réserve aucune en faveur des héritiers en ligne directe de l'habitant alloti;

Considérant qu'il n'est pas même contesté que le marais communal de la commune d'Évin est régi et sa jouissance partagée conformément aux prescriptions de l'arrêt du 25 février 1779; qu'ainsi les dispositions qu'il contient forment la seule et unique loi de leurs ayant-droits ;

En ce qui concerne la veuve Blondiaux, le sieur Plaisant et la veuve Jean-Baptiste Delobel;

Sans qu'il soit besoin de s'arrêter à la question de domicile, également contestée au sieur Plaisant, ou d'établir de distinction entre l'homme veuf et la femme veuve, à raison du droit auquel ils prétendent en cette qualité, à la jouissance de la part de marais que détenait l'époux prédécédé (1);

Considérant qu'il résulte de la teneur des lettres-patentes et arrêts ainsi octroyés à chaque province, qu'elles comportent avec elles certains caractères particuliers que commandaient sans doute les mœurs, les usages ou même les besoins de chacune de ces localités, ainsi, il est dit, article 6 des lettres-patentes de 1777 délivrées pour la province de Flandre et invoquées cependant par les défendeurs comme applicables à l'ancienne province d'Artois : « chaque mé-

______

(1) Le Conseil admet manifestement ici que *stante matrimonio,* la femme jouit *personnellement* et *exclusivement* de la portion ménagère. Et pourtant le Conseil refuse à la femme mariée : 1° la qualité de chef de famille ; 2° le droit à l'aspirance ; 3° la continuation *soluto matrimonio* du lot indivisément possédé ! Ce sont là, on l'avouera, de fort grandes étrangetés, et elles deviendraient bien plus bizarres encore si, *sans établir de distinction entre l'homme veuf et la femme veuve,* nous déduisions *toutes les conséquences* d'une aussi étonnante assimilation. Nous nous en abstiendrons, ne voulant pas porter la critique sur un pareil terrain.

nage jouit de la portion ménagère jusqu'au décès du dernier vivant *du mari et de la femme* pour passer ensuite à d'autres ménages. » Tandis qu'en l'arrêt de 1779 il est écrit : « veut sa majesté que, dans le cas où un chef de famille ne laisserait en décédant *aucun héritier direct*, la portion de marais dont il aura joui retourne à la communauté, etc., etc. » ;

D'où il faut bien reconnaître une différence essentielle dans l'ordre des transmissions des parts de marais de ces deux provinces bien que limitrophes, à savoir :

Que sous l'empire des lettres-patentes de 1777, la portion de marais est donnée au ménage et au feu particulier de l'habitant pour n'être possédée qu'en usufruit et retourner à la communauté à la mort du survivant des époux, tandis que par l'arrêt de 1779, au contraire, c'est l'individu seul que la part de marais vient en quelque sorte atteindre ; d'où en ligne directe elle passe immédiatement à la descendance de l'apportionné par ordre de primogéniture, avant de faire retour à la communauté, que vouloir prétendre et admettre pour les habitants de l'ancienne province d'Artois la jouissance en faveur des veufs ou des veuves, de la part de marais que tenait l'époux prédécédé, serait faire confusion de législation en cette matière, que dès lors c'est à tort que la veuve Blondiaux, le sieur Plaisant et la veuve Delobel Jean-Baptiste, se trouvent en leurs dites qualités de veufs avoir été envoyés en possession de la part de marais que l'époux prédécédé tenait de son chef ;

En ce qui concerne la veuve Butruille,

Considérant qu'aux termes de l'arrêt du 25 février 1779, toute part de marais faisant retour à la communauté doit être assignée au chef de famille non pourvu et le plus anciennement domicilié;

Considérant que l'action à la jouissance d'une part de marais à laquelle paraît avoir eu droit en son vivant le sieur Butruille, en sa qualité d'aspirant comme chef de famille est une question inhérente à sa personne, que cette action cessant avec la personne qui en est l'objet, le droit auquel elle donnait lieu, est, devant le silence de la loi, définitivement éteint envers et pour tous, que c'est donc à tort que la dame veuve Butruille se trouve avoir été en possession d'une part de marais dépendant du communal d'Évin à l'occasion de droits compétents uniquement à la personne de son mari en son vivant seul chef de la famille;

Par tous ces motifs :

Le sieur Plaisant, les veuves Blondiaux, Delobel et Butruille auront à délaisser dans le mois qui suivra la notification du présent arrêté, les parts de marais dont ils se trouvaient allotis ainsi qu'il est dit ci-dessus.

Les nouveaux allotis seront tenus avant de se mettre en possession, et à dire d'estimation, de solder aux évincés toutes impenses utiles qui se trouveraient avoir été faites à l'occasion de la jouissance desdites parts de marais. »

I. *Suivant l'arrêté*, de ce qu'en quatre anciennes provinces les partages ont été demandés par les représentations provinciales, il faut conclure que chaque province a entendu solliciter une législation particuculière, bien que la raison de partager fût la même et l'objet à partager identique.

La conséquence est loin de nous paraître rigoureusement tirée des prémisses, de ce que quatre provinces ont eu un même but, il est à notre avis, logiquement impossible d'inférer que ces quatre provinces se sont trouvées mues par des mobiles différents : il serait au contraire, infiniment plus juste de le supposer *a priori* que tendant à un résultat pareil, ces quatre provinces ont dû être déterminées par de pareils motifs.

Mais, ce qui logiquement ne doit pas s'inférer, ne saurait rationellement l'être, en présence de cet aveu arraché par l'évidence, que ces quatre provinces avaient la même raison de partager un objet identique.

Si en effet par des raisons identiques, quatre provinces poursuivaient un but unique, il faut indispensablement et en raison, et en logique, arriver à cette conclusion, que les législations de 1769, 1774, 1777, 1779, doivent être régies par des principes généraux, uniformes, concordants, et non par des règles spéciales, bizarres, disparates et hétérogènes.

Voilà donc que tout d'abord, manque complètement à l'arrêté le terrain sur lequel il veut se placer, pour individualiser, particulariser, et isoler des législations ses sœurs jumelles, la législation de 1779.

Et le terrain manque moins encore en raison de la

fausseté des déductions, qu'en raison et de la force des choses, et des circonstances qui ont fait solliciter le partage, et des considérations qui l'ont fait octroyer.

« La force et la richesse des Rois et princes souverains (disait Henri IV au préambule de l'ordonnance de 1559), consiste en l'opulence et le nombre de leurs sujets. » Et pour accroître sa force et sa richesse, Henri IV se proposait d'augmenter, et l'opulence et le nombre de ses sujets en ordonnant le défrichement, le dessèchement de toutes les terres improductives, malsaines et léthifères, car ajoutait le Roi, « le plus grand et légitime gain et revenu des peuples, mesmes des nostres, procède principalement du labour et de la culture de la terre, qui leur rend selon qu'il plaît à Dieu, à usure, le fruit de leur travail, en produisant grande quantité de bleds grains, vins, légumes et pasturages; de quoi non-seulement ils vivent à leur aise, mais en peuvent entretenir le traffic et commerce avec nos voisins et pays lointains, et tirer d'eux or, argent, et tout ce qu'ils ont en plus d'abondance que nous, propres et communs à l'usage de l'homme. » Ainsi l'accroissement réciproque de la prospérité et de la population, par l'agronomie et l'assainissement, voilà ce que voulait l'édit de 1559, pour tout le royaume, voilà ce que reflet de cet édit, voulaient les lettres-patentes du 30 mai 1767 pour la province d'Artois. Voilà ce que pour faire, en sauvegardant les principes conservateurs des propriétés communales, et sous réserve de ce que nous avons dit relativement aux triages, on avait ulté-

rieurement voulu en autorisant les allotissements de
jouissances, en promulguant à la requête des parties
intéressées les lois de 1669, 1674, 1677, 1679, ce
qui du reste ressort de l'économie entière de ces
quatre législations et des déclarations contenues en
leurs préambules : partout on y voit qu'il s'agit d'enrichir les masses, d'alimenter surtout les nécessiteux,
de favoriser principalement le mariage.

II. *Suivant l'arrêté*, les mœurs, les usages et les
besoins de chaque province devaient *sans doute* com-
mander des législations différentes.

Ces mots *sans doute* constituent une affirmation ou
une probabilité : au premier cas l'affirmation nous
étonne, au second cas ce n'est point sans surprise
que nous voyons un probabilisme en l'air engendrer
des conséquences aussi réelles et aussi positives que
celles de l'arrêté en son dispositif.

Dans toutes les provinces françaises, les besoins
devaient faire désirer l'assainissement, l'enrichisse-
ment, la prospérité. Dans toutes les provinces françaises les mœurs, devaient, au point de vue moral,
favoriser l'affermissement et le développement de
l'esprit de famille. Au point de vue légal, proscrire
la criante inégalité des sexes, concevable à peine
dans les temps de barbarie. Au point de vue social,
assimiler la condition et les ressources des époux,
égaux devant la faim et devant la misère. Dans toutes
les provinces françaises les usages qui faisaient respecter l'*inaliénabilité*, l'*impartageabilité*, l'*insaisis-
sabilité* du bien communal, protégé seulement par le

droit positif, devaient à bien plus forte raison respecter les principes sacrés du droit des gens, qui s'oppose à ce que, contre la grande voix de la nature, des enfants sans cœur puissent s'enrichir de la succession de mères trop lentes à mourir. Loin de se trouver divergents, les besoins, les usages, les mœurs, convergeaient partout vers des aspirations uniformes, et c'est pour cela que partout à propos des jouissances il y a eu des législations, sinon identiques du moins similaires; similaires, disons-nous, car il faut le reconnaître, la législation flamande, d'accord sur les points essentiels avec les autres édits ou arrêts du Conseil, n'a édicté qu'un droit viager là où ailleurs il y avait un droit héréditaire, mais cette antinomie inexplicable, inexpliquée, ne saurait tirer à conséquence. Inexplicable et inexpliquée, disons-nous encore, car nul n'a appris pourquoi chez deux provinces limitrophes, on a vu ici le viage exceptionnel, alors que cent pas plus loin, ainsi que dans toutes les autres contrées existait le droit héréditaire.

On a bien risqué des suppositions banales et sans raison d'être, mais des suppositions ne sont point des arguments, elles prouvent l'ignorance et ne viennent rien éclaircir. Jusqu'à ce que donc arrive avec des raisons sérieuses le nouvel Œdipe qui se chargera de dévoiler le sens de l'énigme, nous ne rougirons nullement d'être le Dave, avouant son impuissance à comprendre et à expliquer.

III. *Suivant l'arrêté*, les lettres-patentes de 1777

sont le point de comparaison à prendre pour l'interprétation de l'arrêt de 1779, et cette comparaison faite, il faut des dissemblances qui existent entre les deux législations, tirer sous peine de confusion, ces conséquences : que la continuation des jouissances est refusée à la veuve artésienne ; qu'en Artois l'allotissement n'a pas eu lieu au profit du feu du ménage, mais au profit de l'individu, du chef de famille.

Ce mode de procéder nous paraît contenir autant de vices et autant d'erreurs qu'il en peut comporter.

Quatre législations existent, trois d'entre elles sont explicites sur les droits des veuves, la quatrième ne l'est point. Pour l'interpréter, devra-t-on aller prendre comme point de comparaison, précisément la législation qui au point de vue des transmissions, constitue une exception ? Non assurément. Le point de comparaison doit tout naturellement se tirer des choses qui se ressemblent, et non pas de celles qui diffèrent, le point de comparaison doit tout naturellement se puiser dans la règle et non pas dans l'exception, *in casibus non exceptis confirmat regulam exceptio; neque fit exceptionis extensio, de casu ad casum de personâ ad personam.* Or, dans les législations ou comme en Artois se trouve consacrée la dévolution héréditaire, elle n'a lieu qu'au décès de la veuve ; pourquoi donc en Artois cette dévolution se ferait-elle sans tenir compte de la femme survivante à la mort du mari. Où est la raison de vouloir une distinction pareille, lorsque le mutisme du législateur doit faire supposer qu'il n'a pas voulu créer des principes inconnus, abandonnés à l'arbitraire de futurs interprètes, mais au contraire se référer aux principes généraux et aux règles ordinaires.

Et puis quelle corrélation y a-t-il entre ceci, qu'en Flandre la continuation des jouissances existe pour la veuve à cause du droit de retour à la commune, et cela qu'en Artois il ne doit point y avoir de continuation de cette jouissance à cause de l'hérédité. Il nous est impossible d'apercevoir la liaison de ces deux idées, à l'occasion desquelles l'arrêt tombe dans cette *confusion* qu'il recommande d'éviter; ce n'est pas en raison du retour à la commune qu'il y a dans les lettres-patentes de 1777, continuation de jouissance de la veuve, mais nonobstant ce droit de retour, et comme si la veuve vivait en pays d'hérédité, en Bourgogne ou dans les Trois-Évêchés. Et puis l'absence du *Jus hæreditarium* n'a rien de criant dans les lettres-patentes. Elle ne refuse pas aux femmes ce qu'elle accorde aux maris, elle a pour tous un parfait niveau; pourquoi donc l'égalité flamande engendrerait-elle l'inégalité artésienne, pourquoi la justice de 1777 enfanterait-elle en 1779 une révoltante partialité?

Serait-ce parce que collectif ou réel en Flandre, l'allotissement se trouverait individuel en Artois, en d'autres termes, parce qu'au lieu d'être dévolue au feu ou au ménage, ainsi qu'en Flandre, la portion n'échéerait en Artois qu'au particulier, qu'au chef de famille. Mais de quoi donc peut-on étayer une pareille logomachie? Dans toutes les législations, il suffit de les lire pour s'en convaincre, les mots, *habitants, ménage*, *feu*, ont une parfaite synonymie; dans toutes les législations, ils sont indifféremment employés, parce qu'ils sont d'une complète équipollence. L'expression *ménage* ne se trouverait pas relatée en l'arrêt de 1779, qu'il serait impossible d'en conclure, que l'arrêt doit se classer dans une catégorie à part, concernant le caractère de l'apportionnement, mais le mot ménage est dans l'arrêt, on y lit « il était à propos de rendre inaliénables les parts qui écherront par le sort, et d'empêcher qu'un même chef de famille, ou *ménage*, en puisse posséder deux ». Le texte ne saurait donc être chicané. Mais au surplus ce qui couperait court à toute difficulté, s'il pouvait y en avoir, serait la déclaration consignée au début du préambule. Il y est dit que loin de vouloir innover en 1779, le Roi veut au contraire *étendre à la totalité de la province le bénéfice précédemment accordé à plusieurs communautés*, or, chacun sait que tous les anciens allotissements avaient été octroyés par *feux,* par *ménages,* sans que le droit héréditaire s'ouvrit avant le décès du survivant des époux, tous deux chefs de famille.

IV. *Suivant l'arrêté,* la législation de 1779 a été proposée et demandée par les États de la province d'Artois.

Nous le concédons, cela est très-exact, et en 1779, comme en 1777, comme en 1774, comme en 1769, le roi s'est borné à revêtir de *l'exequuatur,* le projet présenté par la représentation provinciale, et réputé contenir l'expression des vœux et des besoins de la province. Mais ce que l'on sera forcé de nous concéder aussi, c'est qu'apparemment, les auteurs de l'arrêt de 1779, devaient parfaitement comprendre le sens, la portée, l'étendue d'une œuvre qu'ils étaient chargés d'appliquer. Or, si la veuve n'avait pas dû continuer, à partir de 1779, la jouissance ménagère, ainsi que cela se pratiquait partout, ainsi que cela s'était constamment pratiqué en un grand nombre de communautés artésiennes, pourquoi donc les États d'Artois auraient-ils constamment décidé le contraire, pourquoi leur décision aurait-elle été invariablement suivie par le Directoire, par le Conseil de préfecture lui-même, jusqu'en 1823, pourquoi aurait-on attendu si longtemps la venue du *deus ex machinâ*, qui aurait intronisé la vérité, et la justice qui en est inséparable, *en condamnant les veuves à mourir de faim.* C'est quant à présent ce qu'il ne nous a jamais été donné d'apercevoir, et notre cécité se trouve généralement partagée.

Il est du reste un argument décisif que n'ont jamais essayé de réfuter les partisans de la spoliation de la veuve, et auquel nous les défions de répondre, le voici :

Pour être alloti il faut être apte, c'est-à-dire se trouver chef d'un feu distinct et séparé. Pour transmettre son allotissement il faut conserver son aptitude jusqu'au moment de la transmission, *Nemo plus juris ad alium transferre potest quam ipse habet.* Au moment ou il y a défaillance de l'une des conditions d'aptitude, le lot fait retour à la commune, voilà, n'est-ce pas, de vrais axiomes. Eh bien, de deux choses l'une, au moment de son mariage, au moment où elle vient s'asseoir au foyer conjugal, la femme allotie conserve ou ne conserve pas sa qualité de chef de feu distinct et séparé. Si la femme conserve cette qualité, si la femme fait entrer dans le ménage le lot dont elle continue à jouir, comment pourrait-elle perdre pendant le mariage, et son aptitude, et la jouissance de ses droits au décès du mari. Si au contraire la femme ne conserve pas cette qualité, si le mariage *ipso facto*, entraîne la défaillance des conditions d'aptitude de la femme, transformée en une sorte de paria, ou tombée en état d'ilotisme, comment la femme peut-elle investir le mari d'une aptitude anéantie, de la jouissance d'un lot qui doit immédiatement retourner à la communauté?

V, *Suivant l'arrêté*, les femmes déshéritées de la jouissance du lot ménager à la mort du mari, n'ont pas *stante matrimonio*, de droit d'aspirance à l'allotissement communal.

Nous laisserons de coté le considérant sur la question; tranchant effectivement la question par la question, il se borne à énoncer que le mari seul aspire pendant l'union conjugale, et que l'aspirance du *de cujus* ne peut se transmettre à la femme dont l'aptitude commence seulement à naître à la dissolution du mariage, ce qui est évidemment le *quod demonstrandum* : et nous nous bornerons à dire que toutes les raisons que nous venons de faire valoir concernant le viage de la veuve, s'appliquent à son aptitude pendant le mariage. Le ménage est une famille à deux chefs, ou si on le préfère, un être moral, en deux personnes, nulle part en Lorraine, en Bourgogne, en Flandre, l'aptitude des femmes *stante matrimonio*, ne se trouve contestée et jamais elle ne l'a été anciennement en Artois, alors qu'allotissant indifféremment le ménage, le mari ou la femme, mis sur la même ligne pendant le mariage, les États considéraient comme indubitable l'aptitude de la femme mariée. Notre estimable confrère M. Legrand, a du reste traité cette question d'une façon trop remarquable, pour que nous puissions faire mieux que de citer son opinion sur ce point.

« Nous le répétons, il nous est difficile d'admettre la doctrine d'un arrêt, qui semble, non seulement priver les femmes de la faculté de faire courir, pendant le mariage, le temps nécessaire à l'établissement de leur ancienneté, mais encore suspendre et même atteindre leurs droits, à cet égard, préexistant au mariage. Il y aurait dans cette inégalité de position entre le mari et la femme quelque chose de choquant pour nos mœurs.

L'homme, chef de famille, avant son mariage, ne perd pas cette qualité pendant son union, et il conserve, à la mort de sa femme, sinon l'usufruit qui n'existe pas sous le régime de l'arrêt de 1779, pour le survivant, quelque soit son sexe, du moins le droit qui s'était ouvert pour lui, alors qu'il était encore célibataire. Le fait même du mariage, qui le place à la tête du ménage, est, le plus souvent, la source du privilège que son rang d'ancienneté lui assurera plus tard.

Pourquoi n'en serait-il pas de même de la femme?

La femme n'est plus l'esclave de son mari, seul maître de la communauté; c'est une compagne, si nos lois entravent sa liberté, en ce qui concerne l'administration de sa fortune, c'est dans son propre intérêt, et il serait singulier qu'on argumentât contre elle de cette espèce de minorité, pour lui enlever un de ses droits éventuels, *l'action* qu'elle a à la jouissance d'une part de marais.

S'il était vrai que le mariage de la femme eût pour but de lui ravir sa qualité, entièrement acquise, de chef de famille, il faudrait, pour être conséquent, décider aussi que le ménage lui fait perdre la portion même dont elle serait lotie, dans un cas comme dans l'autre, sa qualité s'effacerait devant la puissance maritale.

Il en serait de même du convol en secondes noces d'une veuve pourvue.

Ce n'est pas que des prétentions de ce genre n'aient pas été soulevées et soutenues, mais un arrêt du Conseil d'État en date du 20 février 1835, en a fait bonne justice.

Ce que nous disons du droit de la femme préexistant au mariage, nous le disons également du droit co-existant au mariage. Il nous paraît de toute équité de faire dater le droit à l'ancienneté ménagère comme chef de famille, du moment où la fille quitte le toit de son père pour entrer dans le lit de son époux. Le

ménage commence alors pour elle, et de ce ménage
laborieux des classes pauvres, elle prend certaine-
ment les charges les plus lourdes. C'est bien le moins
que, dans cette sainte communauté du travail, les
droits soient égaux. Cette égalité qui est juste est en
même temps morale : elle relève la femme à ses yeux,
aux yeux de ses enfants, aux yeux de la société.

Personne ne souffre de cette participation commune
à l'espoir d'une part de marais. Le cumul, prohibé
par la législation, ne porte que sur la possession réelle
de deux portions ménagères. »

VI. *Suivant l'arrêté*, le veuf ne doit point avoir le
viage du lot entré dans le ménage du chef de la
femme, et le considérant qui le décide ainsi se borne
à faire une complète assimilation du veuf et des
veuves en ce point.

Ici, par exemple, et malgré tous nos efforts, il
nous devient impossible de comprendre, et même
de concevoir.

La jurisprudence administrative est que dans l'Artois, l'apportionnement se trouve *individuellement* et
exclusivement dévolu *au chef de famille*, que dans
l'état de mariage, le chef de famille est *exclusivement*
le mari, lequel absorbe la personnalité de la femme,
ses conditions d'aspirance, ses conditions d'aptitude,
à telle enseigne, qu'à partir de l'union conjugale,
c'est lui mari qui jouit *exclusivement* de la portion
dont sa femme avait été allotie et dont elle est si bien
dépouillée, qu'au décès de lui mari, il y aura sans
viage aucun pour la femme survivante, dévolution

héréditaire au profit de l'aîné des mâles, à son défaut au profit de l'aînée des femelles, et à son défaut, retour au profit de la communauté.

Mais s'il en est ainsi, comment donc l'aptitude du mari, la chefferie du mari, la jouissance du mari, bien et dûment alloti, pourront-elles se trouver diminuées ou éteintes par le décès de la femme, devenue zéro au moment précis ou a commencé cette absorbante existence commune que la jurisprudence administrative a jugé convenable de constituer.

Et si dans l'espèce, la femme prémourante eût laissé des héritiers, que se fût-il passé? — Y eût-il eu retour à la commune? — Y eût-il eu dévolution héréditaire? Au premier cas les enfants auraient pu prétendre que le retour ne devait s'effectuer qu'à défaut d'hoirie, que malgré la défaillance d'aptitude, leur mère devait conférer le *Jus hœreditarium* au même titre qu'elle avait conféré la jouissance maritale. Au second cas, la commune aurait pu soutenir qu'au père n'était échue qu'une jouissance temporaire, de nature à cesser au décès de sa femme, que par son défaut d'aptitude, la *de cujus* ne pouvait transmettre à ses enfants un droit héréditaire, alors qu'elle ne pouvait même pas laisser un droit viager à l'époux survivant: que le mari ne pouvait lui non plus investir ses héritiers par présuccession des droits qui lui échappaient, etc...., etc..... Quel imbroglio!

Voilà cependant où conduisent les hérésies et les systèmes en dehors du vrai. Avec la thèse jurisprudentielle que nous combattons, l'arrêt de 1779 *sans mot dire*, crée :

1º Une défaillance *sui generis* de l'aptitude des femmes qui cependant investissent d'une aptitude anéantie : d'un lot qui devrait écheoir au plus ancien aspirant.

2º Une aptitude *sui generis* des maris, qui, bien que jouissant comme chefs de famille pendant le mariage, du lot échu à leur femme, perdent cette aptitude à l'instant du veuvage.

3º Une exhérédation *sui generis* lorsqu'il y a des héritiers, cependant, d'un ménage alloti; ou une dévolution héréditaire *sui generis*, s'il n'y a pas retour à la commune d'un lot dont a été dépouillée la femme, et qui se trouvait enlevé au mari.

4º Une différence *sui generis* entre les droits du mari alloti de son chef et les droits du mari alloti du chef de sa femme.

5º Une différence *sui generis* entre la condition des veufs et la condition des veuves, etc...., etc.....

En sorte que semblable aux enfantements fantastiques de ces hallucinations nocturnes qu'éprouvent les cerveaux malades, l'arrêt de **1779** en arrive suivant le poëte à ce point malheureux :

> . . . . Ut nec pes nec caput uni
> reddatur formæ . . . .

Heureusement et très-heureusement en législation, ces anomalies *ne tenant plus à quoi que ce soit qui touche à quelque chose*, sont complètement impossibles. Inutilement nous avons demandé à l'autorité administrative l'abrogation d'une jurisprudence contre laquelle s'insurgent toutes les populations, tous les jurisconsultes, toutes les autorités. Eh bien! nous en appellerons à l'autorité judiciaire, et nous le ferons avec une entière confiance, car en justice on peut toujours, sûr du triomphe de la bonne cause, répéter ce vieil et consolant adage : *Veritati semper locus relinquendus* (D. *de probationibus.*)

APPENDICE

A LA QUESTION DES VEUVES.

Tous les anciens allotissements en Artois avaient consacré l'usufruit de la veuve, nous en citons comme preuves entre bien d'autres, que nous ne pouvons rapporter *in extenso*, précisément l'arrêt autorisant le partage des biens de la commune d'Évin-Malmaison, arrêt que nous ignorions lors de la solution donnée par le Conseil de préfecture.

Base des allotissements de la commune d'Évin, cet arrêt est toujours la loi en vigueur concernant cette localité; par l'arrêt de 1779, en effet, voulant uniquement *étendre à toute la province, le bénéfice déjà octroyé à certaines communautés*, le roi n'a *réformé* et *interprété* les législations spéciales et antérieures, qu'en ce qu'elles avaient de formellement contraire à la loi générale qui y venait positivement déroger; comme par exemple la possibilité de disposer du lot par actes entre vifs ou testamentaires, or, à l'exception de cette disposition, l'arrêt de 1775, *réformé, interprété* et non abrogé, ne contient rien d'inconciliable et d'incompatible avec la législation commune à toute la province : donc au point de vue du *texte même,* le droit des veuves ne saurait être contesté pour toutes les personnes qui désormais l'invoqueront dans la commune d'Évin.

Extrait des registres du Conseil d'État :

« Sur la requête présentée au Roi en son Conseil par les gens de loi, habitants et communauté d'Évin-Malmaison en Artois, contenant que la plupart des habitants composant cent-trente-cinq ménages, n'ont aucunes propriétés et que vivant à l'exemple de leurs pères, du travail de leurs bras, les uns travaillant à la journée, occupant une misérable chaumière, les autres sont obligés d'aller chercher des ouvrages dans les bourgs voisins, souvent même hors de la province, leurs femmes et leurs enfants en bas âge restent livrés à l'oisiveté, et ne pourraient subsister si le peu d'habitants qui possèdent quelques biens dans la communauté n'en prenaient soin, néanmoins il sont assujettis à des charges considérables, et ce n'est qu'en se privant du nécessaire que le plus grand nombre parvient à les acquitter; tant de peines au milieu d'une si cruelle indigence en découragent plusieurs. Les suppliants désirant adoucir une si triste situation se sont assemblés le 25 octobre 1772 et sont convenus de profiter de l'avantage que leur offraient les arrêts du Conseil des années 1768 et 1769, que le sieur intendant leur avait récemment envoyé avec son ordonnance d'attache. En conséquence ils ont résolu de défricher et de partager entr'eux leurs marais communaux, devenus presque inutiles par le défaut de culture, et dont ils pourraient tirer le plus grand avantage, si sa Majesté vouloit bien en autoriser le défrichement et approuver les articles qu'ils ont dressés à cet effet, requéroient à ces causes qu'il plût à sa Majesté, ayant égard à ladite requête, homologuer la délibération du 25 octobre 1772, en conséquence permettre aux suppliants de défricher leurs marais communaux, les autoriser à diviser lesdits marais en autant de portions égales qu'il se trouve de familles riches ou pauvres et à les distribuer au sort, pour en jouir par eux ou leurs descendants aussi longtems qu'ils résideront dans la communauté et sans que lesdites parties puissent être saisies par les créanciers des possesseurs.

Secondement, ordonner que ladite division sera faite par un arpenteur juré de la province ou commis par les députés ordinaires des États, en présence des habitants de la communauté, ou intervention de ceux qu'ils jugeront à propos de nommer, lequel arpentenr sera chargé de séparer chaque portion par des piquets ou des bornes.

Troisièmement, que ledit arpenteur dressera un plan du partage à faire de chaque portion.

Quatrièmement, que desdites portions tirées au sort, il sera dressé pardevant notaires un acte relatif au plan, lequel acte contiendra les noms de ceux à qui les portions seront échues et sera signé de tous les habitants.

Cinquièmement, que ledit plan et acte seront faits triples pour être remis, l'un au greffe du lieu, l'un au greffe du gros et le troisième au greffe des États.

Sixièmement, que la vaine pature restera commune

sur les portions non encloses, et hors le tems où elles seront ensemencées.

Septièmement, qu'après le tirage desdites parts, chacun fera de la sienne ce qui lui plaira, si ce n'est qu'elle ne pourra être divisée.

Huitièmement, que chacun pourra disposer de sa part par testament, en faveur de qui il jugera à propos, pourvu que ce soit en ligne directe et à un habitant de la paroisse qui ne possèdera pas déjà une portion desdits marais.

Neuvièmement, que les portions vacantes ou surnuméraires seront louées chaque année, dans le mois d'octobre, de la manière accoutumée, et jusqu'à ce qu'elles soient demandées par les habitants non pourvus et à eux données, selon leur ancienneté d'établissement dans le village, et que les loyers de l'année courante seront et demeureront au profit de ladite communauté.

Dixièmement, que toutes parts devenues vacantes par défaut d'héritiers en ligne directe, rentreront au profit de la communauté, pour être ensuite données aux habitants non pourvus comme ci-dessus et que les fruits de l'année courante appartiendront à la succession dudit défunt.

Onzièmement, que la disposition testamentaire aura lieu *sans préjudice à l'usufruit de la veuve pauvre tant qu'elle restera dans la paroisse,* en faveur d'un des enfants tenant ménage. A son défaut la part entière et sans aucune division, appartiendra à l'aîné desdits enfants établi dans le lieu.

Douzièmement, que ceux qui quitteront la communauté ne pourront conserver ni propriété, ni la jouissance de leurs portions.

Treizièmement, que les fruits seuls desdites portions pourront être saisis par les créanciers.

Quatorzièmement enfin, que lesdits articles ne pourront nuire en aucune manière aux droits des seigneurs, et ordonner que sur l'arrêt à intervenir toutes lettres nécessaires seront expédiées.

Vu ladite requête, signée Bontoux, avocat des suppliants, ensemble ladite délibération du 25 octobre 1772; ouï le rapport du sieur Turgot, conseiller ordinaire au Conseil royal, contrôleur-général des finances; le roi en son Conseil a homologué et homologue la délibération prise dans une assemblée des gens de loi, habitants et communauté d'Évin-Malmaison, dudit jour 25 octobre 1772; en conséquence leur permet sa Majesté : de défricher leurs marais communaux et de les diviser en autant-de portions égales qu'il se trouve de familles riches ou pauvres et à les distribuer au sort pour en jouir pour eux et leurs descendants, aussi longtemps qu'ils résideront dans la communauté et sans que lesdites portions puissent être saisies par les créanciers des possesseurs.

Secondement, ordonne que ladite division sera faite par un arpenteur juré de la province et commis à cet effet par les députés ordinaires des États, en présence des habitants de ladite communauté ou intervention de ceux qu'ils jugeront à propos de nommer, lequel arpenteur sera chargé de séparer chaque portion par des piquets ou des bornes.

Troisièmement, que ledit arpenteur dressera un plan du partage à faire contenant chaque portion.

Quatrièmement, que lesdites portions tirées au sort, il sera dressé pardevant notaire un acte relatif audit plan, lequel acte contiendra les noms de ceux à qui les portions seront échues et sera signé de tous les habitants.

Cinquièmement, que lesdits plan et acte seront faits triples pour être remis, l'un au greffe du lieu, l'autre au greffe du gros et le troisième au greffe des États.

Sixièmement, que la vaine pature restera commune sur les parties non closes hors le tems où elles seront ensemencées.

Septièmement, qu'après le tirage desdites parts chacun fera de la sienne ce qui lui plaira, si ce n'est qu'elle ne pourra être divisée.

Huitièmement, que chacun pourra disposer de sa part par testament, en faveur de qui il jugera à propos, pourvu que ce soit en ligne directe et à un habitant de la paroisse qui ne possédera pas déjà une portion de marais.

Neuvièmement, que les portions vacantes ou surnuméraires seront louées chaque année, dans le mois d'octobre, en la manière accoutumée, au profit de la communauté et jusqu'à ce qu'elles soient demandées par les habitants non pourvus et à eux données, selon leur ancienneté d'établissement dans ledit village, et que les loyers de l'année courante seront et demeureront au profit de ladite communauté.

Dixièmement, que toutes parts devenues vacantes

par le défaut d'héritiers en ligne directe, entreront au profit de la communauté pour être ensuite données aux habitants non pourvus comme ci-dessus, et que les fruits de l'année courante appartiendront à la succession dudit défunt.

Onzièmement, que la disposition testamentaire aura lieu *sans préjudice à l'usufruit de la veuve pauvre, tant qu'elle restera dans la paroisse*, en faveur d'un des enfants tenant ménage, à son défaut, la part entière et sans aucune division appartiendra à l'aîné desdits enfants établi dans le lieu.

Douzièmement, que ceux qui quitteront la communauté ne pourront conserver ni la jouissance, ni la propriété de leur portion.

Treizièmement, que les fruits desdites portions pourront être saisis par les créanciers.

Quatorzièmement enfin, que lesdits articles ne pourront nuire en aucune manière aux droits des seigneurs et ordonne en outre sa Majesté que sur le présent arrêt, toutes lettres nécessaires seront expédiées.

Fait au Conseil d'État du Roi, tenu à Versailles, le dix-huit juillet mil sept cent soixante-quinze.

Signé : DE VOUGNY, collationné.

Collation faite de la copie ci-dessus à celle étant en l'un des registres et trouvée y concorder par les notaires royaux d'Artois soussignés.

Signé : TAILLANDIER et DEBOUT.

Pour copie de la copie conforme,

Le Maire de la commune d'Évin-Malmaison soussigné, BÉGHIN.

A la minute originale sont joints les actes suivants:

« Vu le plan du marais commun appartenant à la communauté d'Évin-Malmaison, le procès-verbal de mesurage, division, estimation et projet de lot, fait et arrêté par Anselme Plaisant, arpenteur juré de cette province, etc.

Les Députés Ordinaires des États d'Artois, Commissaires du Roi en cette partie, ordonnent que dans l'assemblée des habitants dudit Évin-Malmaison qui se tiendra dimanche prochain, dix-huit de ce mois, à l'issue de la messe paroissiale, à l'endroit ordinaire des assemblées, pardevant notaire et en présence de l'un de nous qui assistera à l'assemblée, il sera procédé, par la voie du sort, au partage et lotissement entre tous les habitants, des parts et portions de tous les biens communaux dudit Évin, le tout conformément au prescrit de l'arrêt du Conseil d'État du Roi du 21 novembre dernier, qui en permet le partage, et pour que personne n'en ignore, la présente ordonnance sera lue, publiée et affichée au portail de l'église d'Évin, demain seize dudit mois, à peine de désobéissance.

Fait en l'Hôtel des États d'Artois, le quinze mai mil sept cent soixante-seize. »

En exécution de l'arrêt du Conseil et de l'ordonnance des États d'Artois, il fut dressé cent trente-cinq lots du bien de la communauté d'Évin, qui comportait alors cent trente-cinq chefs de famille, puis le 19 mai il fut procédé au tirage et à l'allotissement. « Pour par les habitants entrer en jouissance et possession des portions, après avoir préalablement payé une somme de quatre livres pour parvenir aux frais de partage et aux frais paroissiaux ». Nous ne reproduirons ici ni le procès-verbal de la composition des lots, ni celui de l'apportionnement, ces pièces étant trop longues et trop indifférentes pour être relatées. Nous nous bornerons uniquement à transcrire à titre de documents historiques les actes suivants joints aux minutes originales sus-énoncées.

« Nous Commissaires dénommés par la communauté d'Évin-Malmaison, en exécution de l'arrêt du Conseil d'État du Roi, en date du 18 juillet 1775, qui permet le partage à chaque chef de famille par portions égales, avons procédé, nous Jacques-Joseph Dugardin, ancien échevin de la seigneurie d'Évin-Malmaison, Philippe-François Favay, échevin de la seigneurie de M. le prieur d'Évin, Pierre-Charles Hérent, échevin de la seigneurie de M. d'Évin, Jacques-Joseph Dugardin, maître charpentier, tous demeurant audit Évin, à l'estimation du marais appartenant à la communauté dudit Évin comme s'ensuit :

Primo. Les anciens et nouveaux défrichés avons estimé quarante-deux mille livres de France, ci. . . . . 42000 ″

Deuxième partie tenant au précédent marais, avons estimé six mille cent francs, ci. 6100

Troisième partie tenant au précédent, avons estimé trente-neuf mille cinq cents francs, ci . . . . 39500 ″

Somme totale des trois chapitres, selon
notre connaissance, avons trouvé quatre-
vingt-sept mille six cents livres, ci. .   .   . 87600 "

Fait audit Évin, le deux mars mil sept cent soixante-
seize, en foi de quoi nous avons signé et ensuite nous
déclarons qu'il se trouve dans la paroisse dudit Évin,
cent trente-cinq chefs de famille.

> Signé Jacques-Joseph Dugardin, Philippe-
> François Favay, Pierre-Charles
> Hérent, Jacques-Joseph Dugardin.

L'estimation ci-dessus avait été faite en ma présence, Anselme Plaisant, arpenteur juré de la province d'Artois. »

« Nous Bailly, Lieutenant et Gens de loi d'Évin,
ayant vu et examiné les numéros ci-devant transcrits
faits par le sieur Plaisant, arpenteur juré de la province d'Artois, résidant au village de Flers, au sujet
du partage des marais communs du village d'Évin-
Malmaison, nous avons consenti qu'il y soit fait
droit et raison, c'est pourquoi nous avons signé à
Évin-Malmaison, le dix du mois de may mil sept cent
soixante-seize.

> Signé P.-J. Herland, P.-Charles Hérent,
> P.-F. Galland, Philippe-François
> Favay, Jacques-Joseph Dugardin.

Je soussigné Anselme Plaisant, arpenteur juré de
cette province d'Artois, certifie que l'état ci-dessus
où sont repris les numéros composant les portions

du partage du marais d'Évin-Malmaison, sont tous conformes aux numéros des plans, partage et divisions que j'en ai fait conjointement avec les quatre habitants choisis dans une assemblée de la communauté à effet du partage.

Fait à Flers, le dix may mil sept cent soixante-seize.

Signé Anselme PLAISANT. »

TABLE ANALYTIQUE.

PREMIÈRE QUESTION.

DEUXIÈME QUESTION.

TROISIÈME QUESTION.

QUATRIÈME QUESTION.

LA VEUVE ARTÉSIENNE PEUT-ELLE, COMME DANS TOUTES LES AUTRES
PROVINCES, CONTINUER LA JOUISSANCE DU LOT MÉNAGER ?   58

Rappel de l'opinion émise au *Traité de la législation des portions ménagères.* — Arrêté du 13 mai 1856, par lequel le Conseil de préfecture persévère dans sa jurisprudence contraire aux droits des veuves. — Délibération remarquable du 20 juin 1856, par laquelle la commune d'Évin-Malmaison proteste contre cette jurisprudence. — Nouvel arrêté dans lequel le Conseil de préfecture maintient sa jurisprudence. — Discussion et critique de cet arrêté.

APPENDICE

A LA QUESTION DES VEUVES.   90

Arrêt rendu par le Conseil d'État du roi, le 18 juillet 1775, pour la commune d'Évin. — Arrêt toujours en vigueur et récognitif du droit des veuves dans cette commune. — Ordonnance prise par les États d'Artois, le 15 mai 1776, en exécution de cet arrêt — Procès-verbaux de lotissement des communaux d'Évin, par suite de l'arrêt et de l'ordonnance.

Arras, Typ. D'ALPHONSE BRISSY.

Arras, Typographie D'ALPHONSE BRISSY.